博碩文化

博碩文化

博碩文化

Kevin Chen | 陳根 | 著

泛工業革命

告別單打獨鬥，走向服務與價值領軍的大未來

寶僑Rakona工廠的五大使用案例
義大利Rold的小規模大未來
中國海爾的工業交流平台
犀牛智造新製造的五大成功關鍵

數位化×敏捷化×資訊化×人性化×全球化

透過燈塔工廠實例，
完整解析工業4.0的創新思維與技術應用

作　　者：Kevin Chen（陳根）
責任編輯：何芃穎

董 事 長：陳來勝
總 編 輯：陳錦輝

出　　版：博碩文化股份有限公司
地　　址：221 新北市汐止區新台五路一段 112 號 10 樓 A 棟
　　　　　電話 (02) 2696-2869　傳真 (02) 2696-2867

發　　行：博碩文化股份有限公司
郵撥帳號：17484299　戶名：博碩文化股份有限公司
博碩網站：http://www.drmaster.com.tw
讀者服務信箱：dr26962869@gmail.com
訂購服務專線：(02) 2696-2869 分機 238、519
（週一至週五 09:30 ～ 12:00；13:30 ～ 17:00）

版　　次：2023 年 2 月初版一刷

建議零售價：新台幣 450 元
Ｉ Ｓ Ｂ Ｎ：978-626-333-404-5
律師顧問：鳴權法律事務所 陳曉鳴律師

本書如有破損或裝訂錯誤，請寄回本公司更換

國家圖書館出版品預行編目資料

泛工業革命：告別單打獨鬥，走向服務與價值領軍的
大未來 / Kevin Chen(陳根) 著 .-- 初版 .-- 新北市：
博碩文化股份有限公司 , 2023.02　面；　公分

ISBN 978-626-333-404-5 (平裝)

1.CST: 工業革命 2.CST: 人工智慧
3.CST: 數位科技 4.CST: 產業發展

555.29　　　　　　　　　　　　　112001456

Printed in Taiwan

歡迎團體訂購，另有優惠，請洽服務專線
博碩粉絲團 (02) 2696-2869 分機 238、519

前言

工業革命是現代文明的起點,是人類生產方式的根本性變革。相較農業受制於相對有限的產出,商業發展必須建立在工業的基礎之上。工業是工、農、商三個產業中真正具有強大造血功能的產業,對經濟的持續繁榮和社會穩定舉足輕重。事實上,資產階級在不到一百年的階級統治中創造的生產力,比過去一切世代加總創造出來的全部生產力還要多,正是因為資本主義社會工業生產力的迅速發展。

工業的發展讓人類有更大的能力去改造自然並獲取資源,其生產的產品直接或間接運用於人們的消費當中,大大提升了生活水準。可以說,自第一次工業革命以來,工業就在一定意義上決定著人類的生存與發展。

從工業文明的發展來看,在人類社會經歷了蒸汽時代、電氣時代、資訊時代三次工業革命後,以網際網路、人工智慧為代表的數位技術正以極快的速度形成巨大產業能力和市場,使整個工業生產體系提升至一個新的水準,由此推動人類社會進入第四次工業革命。

與前三次的工業革命明顯不同,第四次工業革命是全方位的革新,是資訊物理系統的深度融合,是製造技術與製造模式的全面改造。並且,在第四次工業革命中,以生產方式變革為主線的新興製造技術和製造模式群體不斷湧現、協同融合,將人類社會推進泛工業時代。

泛工業革命不是依賴單一學科或某幾類技術，而是全方位的多學科、多技術層次、寬領域的協同效應與深度融合的革命，它將廣泛深入到所有行業中，無論是消費網際網路、航太航空、衣食住行還是生命科學產業，泛工業革命將會是一場嵌入在整個技術經濟社會系統中的多維度變革，也是一場以實施先進製造技術和經營方式徹底變革為主要內容的革命，涉及製造理念、製造戰略、製造技術、製造組織與管理各個領域的全面變革。

泛工業革命將超越第四次工業革命，鍛造工業世界全新的升維賽道。當然，全新賽道的開啟，孕育著新機，也帶來了挑戰。自二十世紀 70 年代以來，資本主義世界的經濟發達國家中就出現了「去工業化」的浪潮。興也工業，衰也工業，儘管西方國家的這些舉措曾經一度被視為明智之舉，但事到如今，「去工業化」已危害盡顯。因此，「再工業化」或將成為必然。

面對「再工業化」，從主體國家角度來看，世界各主要工業國家近年來都已經制定了相應的戰略措施：德國推出工業 4.0 參考架構 RAMI4.0，美國推出工業網際網路參考架構 IIRA，日本推出工業價值鏈參考架構 IVRA，中國則由中國工業網際網路產業聯盟於 2016 年發布《工業網際網路體系架構（版本 1.0）》。

從企業角度來看，「燈塔工廠」是泛工業時代的新角色，是「數位化製造」和「全球化 4.0」的示範者，「燈塔工廠」的湧現，突顯了泛工業未來製造業的全球化特徵：德國某企業可能將工廠設在中國，中國某公司又可能將工廠設在美國。創新不分地區，也不分背景。從採購基礎材料到加工業，再到解決特殊需求的高端製造商，行業千差萬別、包羅萬象。這也意味著，各種規模的公司都有在泛工業浪潮裡革新並且走向卓越的潛力，不論是立足全球的藍籌企業，還是員工不到百人的本土中小企業。

泛工業革命的過程，不論是智慧化、敏捷化，還是資訊化、柔性化，都不是簡單的「技術換人」，而是將工業革命以來極度細化甚至異化的工人流水線工作，重新拉回「以人為本」的組織模式。這也意味著，泛工業時代的未來生產必然是以人為中心的生產，這需要社會培養複合人才、企業調整組織架構、個人提高創新能力三方齊進。

　　泛工業革命的過程還將重構全球價值鏈。全球價值鏈重構是一種兼顧價值鏈升級與價值鏈治理的國際分工活動。事實上，隨著國際格局的深刻變革，全球價值鏈重構的發生是客觀的必然。另一方面，2020 年新冠疫情催化的一眾快速發展技術，則為全球價值鏈的重構增添更多科技要素。

　　泛工業革命許諾了一個前所未有的科技未來，本書的創作意在為人們描摹與解釋未來的泛工業世界。本書以第四次工業革命為背景，以歷次工業革命為線索，介紹了當前製造技術與製造模式的嬗變，結合「燈塔工廠」實例深化對泛工業革命的理解，並提出具有前瞻性的預測與困惑。本書兼具趣味性和科學性，讀來並不枯燥晦澀。在提供更多資訊的同時，本書旨在幫助讀者對人們所處的工業時代有更多的了解，從而展望未來。隨著工業社會的重構、思維方式的重置，世界也將隨之變化，展露全新面貌。

陳根

第一篇
革命

第一章 無工業，不強國 *003*

第二章 走向泛工業時代 *021*

第二篇
現在

第三章 製造技術群　　　　　　　　*045*

第四章 製造模式群

第四章 製造模式群 *091*

第三篇
未來

第五章 新角色、新市場、新規則　　*119*

第六章 超越工業4.0 *171*

第一篇 ｜ 革命

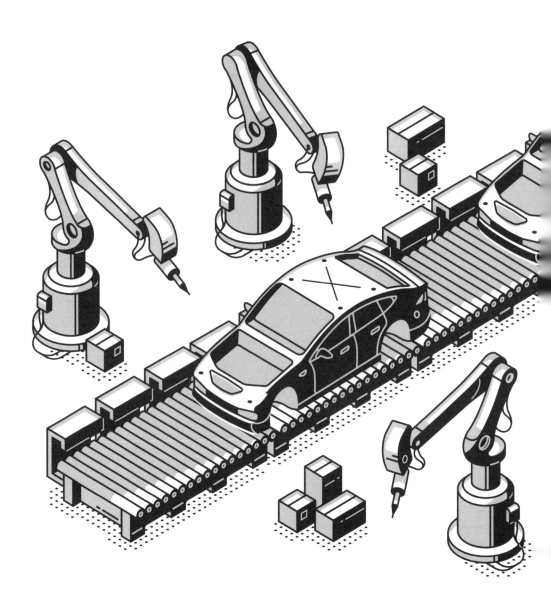

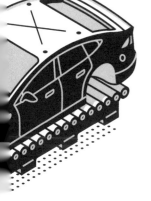

CHAPTER

1

無工業，不強國

|1.1| 工業之興

無「農」不穩，無「工」不強，無「商」不富。

人類文明在發展的最初，就是依賴自然界中可以直接獲取用於消費的物質，例如植物、動物；而原始人類的居住地，也是天然或略經處置就可以遮風避雨的自然場所，像是洞穴、草棚；由此，農業文明誕生。

隨著農業文明的發展，人類逐漸學會將原本不能用於消費的自然物加工，製造成可以消費的物品，並逐漸發展起加工製造業和建築業。「工業」社會由此發展。

當然，在工業社會發展的早期，人類對物質的轉化是極其簡單的，首先從低等而單一的物質幾何形狀轉化開始──例如把石塊打磨成尖銳或者厚鈍的石制手斧；猿人用它襲擊野獸、削尖木棒或挖掘植物塊根，把它當成一種「萬能」的工具使用。

到了中石器時代，石器發展成了鑲嵌工具，即在石斧上裝上木制或骨制把柄，單一的物質形態轉化發展成兩種不同質性的物質複合形態；在此基礎上又發展出石刀、石矛、石鏈等複合工具，直到發明了弓箭。新石器時代，人類學會了在石器上鑿孔，發明了石鐮、石鏟、石鋤，以及加工糧食的石臼、石柞等。

與此同時，人類開始利用工具對能量進行轉化。原始人類對「火」及自身的認識就是一個明顯的例證：從對雷電引起森林野火的恐懼，進展到學會用火來燒烤獵物，進階使用火來禦寒、照明、驅趕野獸；掌握人工取火方法，標記著大自然的力量真正為人們所利用。當「火」這種自然力開始為人所用時，也進一步促進了人體和大腦的發育，正如恩格斯所指出的「摩擦生火第一次使人支配了一種自然力，最終把人同動物界分開。」

對火的利用又令原始人類學會了燒製陶器，製陶技術使古代材料技術與材料加工技術得到了重大發展——記載了人類對於材料的加工不再是僅僅改變材料幾何形狀的範圍而已，而是開始改變材料的物理化學屬性。此外，製陶技術的發展，又為日後冶金技術的誕生奠定了基礎。

於是，從手工製造發展至當前的機器製造，人類社會也形成了愈來愈複雜的生產「生產資料」經濟活動，包括「勞動工具」和「勞動對象」。工業就這樣不斷發展成為龐大的「遷回性」生產體系——對於最終的直接消費使用過程，工業生產活動很大部分是間接的和迂迴的，是為生產「勞動工具」和「勞動對象」而進行的生產。工業生產的「迂迴性」實際上就是生產過程的高度分工，不僅是各種技術分工，而且是普遍的社會分工，從而構成錯綜複雜的投入 / 產出關係。

不過，無論工業生產的迂迴過程如何複雜，工業的本質都是將無用物質轉變為有用物質及有益物質，工業愈發達，就愈能使更多的物質轉變為資

源。在高度發達的工業體系中，所有的物質都可以成為資源，因此，從最終意義上來說，所謂「資源」都是由工業所創造的。

英國社會學家安東尼紀登斯（Anthony Giddens）在 1990 年出版的《現代性的後果》一書中指出：「由科學與技術聯盟所構築起來的現代工業，以過去世世代代所不能想像的方式改變著自然界。在全球工業化地區並且逐漸也在全球別的地方，人類開始生活在一種人化環境之中，這當然也是一種物質性的活動環境，但是它再也不僅僅是自然的了。不僅是建造起來的城市區域，而且絕大多數其他地區也都成了人類調整或控制的物件」。

顯而易見的是，工業具有強大的創造力，工業滲透到幾乎一切領域，使人類現代生活的各個領域都得以「工業化」。從農林漁牧、交通運輸、資訊傳遞到文化藝術；從教育醫療、體育健身、休閒旅遊甚至軍事戰爭，無不充斥著工業主義、依賴著工業技術。

工業對於人類最偉大的貢獻就是——它是科技創新的實現載體和必備工具。人類最偉大的科學發現、技術發明乃至任何傑出想像力的實現，都需要以工業為基礎和手段。科技進步是工業的靈魂，工業是科技進步的軀體，絕大多數科技創新都表現為工業發展或者必須以工業發展為前提。

相較於農業受制於相對有限的產出，商業發展又必須奠基於工業之上，工業自然而然地成為三個產業中真正具有強大造血功能的產業，對經濟的持續繁榮和社會穩定起到舉足輕重的作用。事實上，資產階級之所以能在它不到一百年的階級統治中創造出生產力，甚至比過去一切世代創造的全部生產力還要多，正是因為資本主義社會工業生產力的迅速發展。

工業的發展讓人類有更大的能力去改造自然並獲取資源，其生產的產品被直接或間接地運用於人們的消費當中，大幅提高人們的生活水準。因此，只有工業國才可能成為創新型國家，擁有發達的工業尤其是製造業才能成為

技術創新的領導國家。科學技術革命同工業革命同命運，迄今為止，以科學理性和科技進步為標誌的工業化時代是人類發展最輝煌的階段。可以說，自工業文明發展以來，工業就在某種意義上決定著人類的生存與發展。

|1.2| 革命之力

第一次工業革命：蒸汽時代

十八世紀中期後，英國引爆了第一次工業革命，成為第一個工業化的國家。

1733 年，機械師 John Kay 首先發明飛梭，將織布效率提高一倍。織布革新以後，造成了織與紡的矛盾，出現長期的「紗荒」。

於是，1764 年，織工兼木工詹姆斯哈格里斯（James Hargreaves）發明了手搖紡紗機——即珍妮紡紗機（spinning Jenny），紡紗效率因此提升15 倍之多，初步解決了織與紡的矛盾。但珍妮機也有其缺點——由於它靠人力轉動，紡的紗細、易斷不結實。

為了克服這個缺點，1769 年，理髮師兼鐘錶匠 Richard Arkwright 製造了水力紡紗機，改變人力轉動機器的情況——水力紡紗機紡的紗韌而粗，可作經線。

由於水力紡紗機使用水力，必須靠河興建廠房。1771 年，第一座棉紗廠的出現突破了原來手工工廠的極限，工業革命進入近代機器大工廠階段。

為了解決紗粗的問題，1779 年，青年工 Samuel Crompton 綜合了珍妮機和水力紡紗機的優點發明了騾機（又稱走錠紡紗機），能同時轉動 300 ～ 400 個紗錠，大幅提高效率，並且騾機紡出的紗既精細又結實。

隨著紡紗機不斷發明和改進，棉紗開始過剩，進而推動了織布機的發明。1785 年，英國工程師 Edmund Cartwright 製成了水力織布機，將工作效率提高了 40 倍。

1791 年，英國建立了第一個織布廠。隨著棉紡織機器的發明、改進和使用，與此有關的工序也不斷革新和機械化，如淨棉機、梳棉機、漂白機、整染機等都先後發明和廣泛使用。棉紡織工業整個系統就這樣實現了機械化。

並且，隨著工業革命的興起，紡織業對動力系統提出了更高的要求。原來的動力（人力、畜力和自然力等）已經不能適應新的生產形勢，因而使蒸汽機的發明成為迫切的需要和可能。正如馬克思指出：「正是由於創造了工具機，才使蒸汽機的革命成為必要。」1769 年，蘇格蘭的格拉斯哥大學機械工程師詹姆斯瓦特（James Watt）總結了前人的經驗，經過多次試驗，製造出第一台單動式蒸汽機；1782 年，他對原有蒸汽機經過改進又發明了雙動式蒸汽機。

蒸汽機的發明，也成為人類第一次工業革命的重要標記，人類從兩百萬年來以人力為主的手工勞動時代進入了近代機器大量生產的蒸汽時代。蒸汽機的發明和應用，促進了英國各工業部門機械化；原本僅僅用於礦山抽水的蒸汽機經過改良後被應用於紡織業——1784 年英國建立了第一座蒸汽紡紗廠。隨後，蒸汽機又應用於冶金工業、鐵路運輸、蒸汽船等領域。

英國工業革命的發生，也使英國社會生產力得到快速發展。在工業革命八十年左右的這段期間內，英國建立了強大的紡織工業、冶金工業、煤炭工業、機器工業和交通運輸業。

機械化生產空前提高了勞動生產率。1770～1840 年，英國每名工人的日生產率平均提高了 20 倍；1764～1841 年，英國棉花每年耗量由 400 萬磅增加至近 5 億磅，成長超過 120 倍；1785～1850 年，英國棉織品產量從 4,000 萬碼增至 20 億碼，提高了 50 倍。1700～1850 年，煤產量從 260 萬噸增至 4,900 萬噸，提高了 18 倍；1740～1850 年，生鐵產量從 1.7 萬噸增至 225 萬噸，提高了 156 倍；1825～1848 年，鐵路長度從 16 英里增至 4,646 英里，成長 290 倍。

至此，英國不僅紡織業擺脫了傳統手工業的桎梏、以機械取代人力，在交通、冶金等諸多領域更實現了產業機械化；至 1850 年，英國工業總產值占世界工業總產值的 39%，貿易額占世界總量的 21%。

工業革命在短短幾十年內使得英國從一個落後的農業國一躍而為世界上最先進的資本主義頭號工業強國，而有了「世界工廠」之稱。馬克思和恩格斯指出：「資產階級在它不到一百年的階級統治中創造的生產力，比過去一切世代創造的全部生產力還要多、還要大。」

可以說，正是工業革命帶來的工業基礎，才使得十九世紀紅衫軍打遍世界無敵手，而這些物質保障也是英國成為日不落帝國的基石。

工業革命不僅使生產技術發生重大變革、生產力大大提高，也使得社會結構和生產關係發生了重大變化。因此，工業革命也是一次社會生產方式的革命。如果說，資產階級的政治革命只是把政權從封建地主階級手裡奪取過來，那麼，工業革命的結果則是使資本主義制度得以最終確立。沒有工業革

命這場社會經濟的革命，資本主義制度就沒有基礎，資產階級的政治統治也就得不到鞏固。

從十八世紀 60 年代開始至十九世紀 40 年代，英國工業革命的八十年，是工業文明發展史上的光輝一筆，其革命之力至今都具有重要的借鑒意義。

第二次工業革命：電氣時代

如果說，發軔於不列顛的第一次工業革命成就了日不落帝國、在近代世界經濟的格鬥場上銘刻了英國「世界工廠」的印記，那麼，始於十九世紀 70 年代的第二次工業革命則以電力的發明和運用為標記，對人類社會的發展產生劃時代的影響，引發全球產業革命，生產與生活方式也發生了巨大變化。

首先，第二次工業革命以電力在生產生活領域的廣泛使用為顯著標誌。1831 年，英國科學家法拉第（Michael Faraday）發現電磁感應現象，成為電氣發明的理論基礎。1866 年德國人西門子（Ernst Werner von Siemens）發明發電機，1870 年比利時人格拉姆（Zénobe Théophile Gramme）發明電動機，1879 年美國人愛迪生（Thomas Alva Edison）點燃第一盞真正具有廣泛實用價值的電燈。

電氣發明及新能源的大規模運用，直接促進重工業的進步，使大型工廠得以方便且廉價獲得持續有效的動力供應，進而開創大規模的工業生產階段，並為之後的經濟壟斷奠定了基礎。

其次，在第二次工業革命中，內燃機的創造和使用讓全球的往來更加便捷。1885 年，德國人 Daimler 和 Benz 各自製造了第一輛由內燃機驅動的汽車，此後，內燃機車、遠洋輪船、飛機等產業也迅速發展。內燃機的發明

不僅解決了交通工具的動力問題,更推動化工產業快速發展,解決了長期動力不足的困擾。

最後,繼有線電報出現之後,1876 年美國人貝爾(Alexander Graham Bell)發明了電話,1899 年義大利人馬可尼(Guglielmo Giovanni Maria Marconi)在英法之間發射無線電通訊成功,進一步加強了世界各地的經濟、政治和文化聯繫。通訊工具的發展,使得人與人之間的交流突破了傳統面對面與書信交流的局限,為世界各地的資訊交流和傳遞提供了極大的方便。

第二次工業革命創造的巨大生產力,使資本主義從自由階段進入壟斷階段,經濟全球化進程加快,世界市場和世界經濟體系得以形成。但是,帝國主義侵略的狂暴衝動也與之相伴,國際政治從地區性變成全球性,資本主義世界體系形成。

具體來看,第二次工業革命導致列強實力變化和重新排列,到了二十世紀初,美國和德國的實力躍居列強之首。究其原因,就在於十九世紀末期出現的科學技術在第二次工業革命中得到了改善和運用。

事實上,第一次工業革命中的許多發明創造,如紡織工業、採礦工業、冶金工業和運輸業的種種發明,很少是由科學家發明,反而多數是由技術人員完成的。第一次工業革命用工匠們的實際經驗彌補了缺失的理論,尚未真正結合科學與技術,但 1870 年後的情況大為不同,自然科學的新發展開始與工業生產緊密結合起來,科學在發明創造中發揮愈來愈重要的作用,並成為大工業生產的一個重要組成部分。

第二次工業革命特定的技術特徵和地緣性質,促使舊歐洲秩序逐漸崩潰。因此,在西班牙、葡萄牙和荷蘭相繼淪為二流國家之後,第二次工業革

命中完成工業化的美國、法國、德國、奧匈帝國、義大利和俄國在國際政治中開始嶄露頭角。

隨著歐洲、美國和日本等主要資本主義國家相繼進入壟斷資本主義階段，隨之而來的是帝國主義按照資本與實力對世界進行瓜分與征服。新崛起的德、美、日要求改變國際政治的現狀，而老牌的帝國主義卻極力維持既得利益，這種政治對立勢必引起諸大國之間的衝突和戰爭。

於是，英國放棄恪守已久的「光輝孤立」政策，開始調整其世界政策。歐洲列強展開了激烈的軍備競賽，大大加速世界列強勢力的重組；二十世紀初，歐洲出現了英法俄協約國和德奧同盟國集團相互對峙的兩級格局，矛盾的激化和升級，最終導致第一次世界大戰爆發，大大削弱了歐洲勢力，曾經獨步天下的歐洲霸權落下帷幕。新國家的崛起與傳統強國的衰落，舊歐洲的國際體系開始走出歐洲、擴展為全球性的國際體系。

與第一次工業革命造就英國「日不落帝國」不同，第二次工業革命為全球性國際政治體系的形成注入了強大的持續動力。在工業革命浪潮的推動下，德國、美國、日本、俄國等新興大國登上國際政治舞台，成為國際體系的新主角；同時，也使歐洲傳統國際格局舊秩序、穆斯林世界和東亞封貢體系等區域性秩序開始解體。

總括來說，第二次工業革命以其非凡的科技成就，成為推動近代世界發展的巨大引擎，大幅改變了世界面貌。科技進步推動著經濟發展，同時也悄然改變著大國博弈的籌碼，並為世界格局的變動埋下了伏筆。

第三次工業革命：資訊時代

半個世紀前，第三次工業革命爆發。以智慧化、數位化、資訊化技術的發展為基礎，以現代基礎製造技術對大規模流水線和柔性製造系統的改造為

主要內容，以可重構生產系統為基礎的個性化製造和快速市場反應為特點的第三次工業革命開始了，這是一場嵌入在技術、管理和制度系統中的技術經濟範式的深刻變革。

「第三次工業革命」的發生與發展是外生技術進步和內生國家政策安排共同驅動、協同作用的結果。

從外生因素來看，「第三次工業革命」首先是外生技術累積和技術創新進入特定週期和階段的必然結果。現代製造技術系統中最底層的技術——資訊技術的快速進步，使得資訊儲存、傳輸和處理的成本呈幾何級數下降。1992 ～ 2010 年，1M 資料的平均傳輸成本從 222 美元大幅下降到 0.13 美元；1G 資料儲存的成本從 569 美元大幅下降到 0.06 美元。

資訊的工業服務能力提升和使用成本下降，大大推動了以資通訊科技（information and communications technology, ICT）為基礎的人工智慧、數位製造和工業機器人等基礎製造技術的成熟，而基礎製造技術的成熟和成本下降又進一步促進了這些前沿製造技術在大規模流水線和柔性製造系統中的應用，並透過與新材料、新能源、光電等周邊技術融合催生了可重構生產系統和 3D 列印等新型製造系統的出現。這種多層次、多領域的技術創新和互動共同構成了「第三次工業革命」技術演進的基本脈絡。

促進「第三次工業革命」不斷深入的根本性技術驅動力量在於數位製造、人工智慧、工業機器人和積層製造（additive manufacturing）等基礎製造技術的創新和突破。快速成型技術、新材料技術、工業機器人技術、人工智慧技術等一連串重大關聯技術的整體突破與應用條件逐漸趨於成熟，大力推動了製造業生產效率的躍遷，使得整個生產體系提升到一個全新的水準。

除了技術的外生驅動，「第三次工業革命」不斷深化也是主要工業化國家體現其戰略意圖的制度安排和政策設計內生誘致、拉動的結果。

金融危機過程中，始終強調實體經濟發展的德國經濟穩定表現和具有全球製造業最快成長速度的中國經濟快速恢復，與多數歐美國家經濟疲軟甚至爆發債務危機形成了鮮明的對比。這樣的事實，開始促使主要工業化國家反思其製造和製造業在國家創新系統與產業體系中的經濟功能和戰略意義。

源於技術，超越技術

「第三次工業革命」源於製造技術突破，但其對工業經濟發生作用的機制和影響效果卻不局限於製造技術本身。「第三次工業革命」背景下，先進製造技術、製造系統和製造範式對傳統製造方式的替代與革新，將導致工業企業最核心的「生產性資產」功能與性質發生根本變化——製造不僅決定生產成本，更直接影響到企業的產品創新能力和動態效率，知識相對於設備和一般勞動在製造系統中的重要性進一步突顯。

一方面，第三次工業革命使企業由大規模生產轉向大規模定製。

單件小批製造是工業生產發展的起點。單件小批製造範式的特點是，完全按照客戶的個性化要求進行生產，技術工人使用通用機械每次生產只能完成一件或幾件非標準化的產品。十九世紀末期，這種製造範式的應用範圍和技術複雜度達到了巔峰。

當時，歐洲和美國大量的馬車製造商開始投入汽車生產。由於零部件的生產高度依賴於工匠個人的技能，因此汽車零部件的生產、車體製造和組裝都大量分散在配備了通用機床的手工作坊中。在這種製造範式下，廠商的基本商業模式是：首先提供擬向客戶提供的汽車設計概念，客戶選擇設計概

念後與廠商簽訂訂單，然後廠商根據設計概念和客戶要求進行詳細的產品設計，最後根據產品設計生產並提供產品。由於銷售、設計和生產的各個環節都是高度個性化，因此手工生產的產量非常有限。

大規模生產是推進工業社會發展最重要的加速器之一，亦是第二次工業革命的成果，其核心內容是利用專業化設備組成的流水線來大量生產標準化產品。大規模生產的專業化和標準化不僅顯著降低了生產成本，同時也大大提高產品的精度。

大規模生產的強大經濟生命力，在於它透過降低生產成本擴大了市場需求，擴大的市場需求反過來又為大規模生產提供了更大的空間，從而形成市場需求和生產規模相互增強的機制。大規模生產方式的特點是「大規模、少品種」。

大規模定製則是二十世紀 80 年代由資訊技術與製造技術融合而催生的一場生產方式變革，是第三次工業革命孕育階段的產物。大規模定製是指產品的種類大幅增加，以滿足消費者更廣泛的個性化需求，這就使得用戶的創新創意在產業發展中所扮演的角色更為突出。過去由供給方主導的產業創新將被弱化，企業依靠規模經濟降低成本的競爭戰略也會受到挑戰。

並且，由於大規模定製強調產品的多樣性，因此整個供應鏈的效率和靈活性成為決定產品和企業競爭力的關鍵。產業的垂直組織結構、而不是大規模製造範式下以市場集中度為主要度量的水平組織結構，成為決定產業整體效率和競爭力的主要因素。

另一方面，第三次工業革命使企業由剛性生產系統轉向可重構製造系統（reconfigurable manufacturing system, RMS）。傳統的剛性製造系統由專用自動化生產設備組成，系統設計在運作後配置固定，更適合單一產品的生產。柔性製造系統則更適合於生產小批量、多種類的產品，整個系統投資

大，生產成本高。由於不同設備廠商控制的軟體間不相容，系統的整合和操作也存在困難。

第三次工業革命中，以可重構製造系統為代表的新型製造系統適用大規模定製生產，這類製造系統以重排、重複利用和更新系統組態或子系統的方式，達到快速調試以及製造的目的，具有很強的包容性、靈活性以及突出的生產能力。

▎重塑國際格局

工業技術發展的歷史表明，與新的技術、經濟條件相適應的新製造範式出現，不僅伴隨著製造技術的發展，更伴隨著新的人力資本投入、調整了的企業戰略方向和投資結構，以及新的產業組織形態出現。

因此，「第三次工業革命」也是一場技術經濟範式意義上技術、管理、制度和政策的全面協同變革，這場變革終將帶來工業組織結構、產業競爭範式和全球工業競爭格局的重大調整。

「第三次工業革命」重塑國際產業分工格局，後發國家必須尋求新的產業路徑。「第三次工業革命」背景下現代製造技術和生產設備大規模應用的過程，就是「現代機械和知識型員工」逐步取代「傳統機械和簡單勞動」的過程，這種取代的經濟合理性，在現代製造方面提高了勞動的邊際生產率，現代製造體系生產出的產品具有更好的性能、更強大的功能和更短的產品開發週期。

現代製造降低了工業對簡單勞動的依賴，同時賦予產品更加豐富的競爭要素——製造的價值創造能力，進而在產業價值鏈上的戰略地位變得與研發和行銷同等重要，甚至超越其他價值創造環節。

於是，發達工業國家不僅可以透過發展工業機器人、高階數位控制機床、柔性製造系統等現代裝備製造業控制新的產業優勢，而且可以透過運用現代製造技術和製造系統裝備傳統產業來提高傳統產業的生產效率，並透過裝備新興產業來強化新興技術的工程化和產業化能力。同時，由於現代製造系統與服務業的深度融合（如開放的軟體社群和工業設計社群），發達國家在高端服務業形成的領先優勢也可能進一步強化。

「第三次工業革命」是嵌入在整個技術經濟社會系統中的多維度變革，對國際關係產生了深刻的影響：一方面加劇了資本主義各國發展不平衡、國際地位產生新變化，美國強勢崛起成為唯一的超級大國；另一方面使社會主義國家在與西方資本主義國家抗衡的鬥爭中具有強大的動力。

顯而易見的是，前三次工業革命都對世界政治、經濟、科技、軍事等產生了巨大影響，從根本上對世界格局的重塑產生關鍵作用。每一次工業革命在帶來全球經濟社會重大變革的同時，均引起世界各國國家實力與競爭地位的變化。一些國家從中崛起並成為某些領域甚至世界經濟和全球治理的主導者，另一些國家則錯失發展機遇，從強盛變為衰落。歷史就是這樣在週期中發展，又在週期中呈現答案。

|1.3| 劇變已至，工業升級

工業革命是現代文明的起點，是人類生產方式的根本性變革。在前三次工業革命的長期累積和孕育下，當前，以智慧化為特點，以人工智慧、量子通訊、生物技術、虛擬實境等前沿技術為代表的第四次工業革命正以前所未有的速度興起，揭開世界新一輪科技競賽的大幕。

第四次工業革命是繼蒸汽技術革命、電力技術革命和資訊技術革命後又一次使人類社會經濟生活大為改觀的大事件。這場技術革命的核心則是網路化、資訊化與智慧化的深度融合，在提高生產力水準、豐富物質供給的同時，也會重塑人力與機器力結合的勞動形式和要求，在各產業政策方面增添新內容和新方法。

首先，第四次工業革命中，各項顛覆性技術的發展速度以指數級展開，過去科技的更新升級可能需要數年甚至數十年，而現在，一兩年內即可完成一輪技術革新。

美國權威未來學家庫茲威爾（Ray Kurzweil）表示：「前幾萬年，科技成長的速度緩慢到一代人看不到明顯的結果；在最近一百年，一個人一生內至少可以看到一次科技的巨大進步；而從二十一世紀開始，大概每三到五年就會發生與此前人類有史以來科技進步的成果總和類似的變化。」科技進步的速度甚至已超出個人的理解能力極限。

其次，大量新型科技成果進入了人們的日常生活與生產，深刻影響著人類思想、文化、生活和對外交流模式，進而深度影響到政治、經濟、科技、外交、社會等層面。例如，人工智慧的發展，從無人駕駛汽車到無人機、從虛擬助手到自動翻譯等，已開始深入到人們生活的各方面。

這些層出不窮的新技術應用於軍事領域，奠定了強大的國防實力；應用於經濟領域，不斷催生出新的經濟方式和新產品、新規則、新業態，傳統的生產生活模式被逐漸顛覆，新的政治經濟體系正在重塑。

最後，工業增值領域從製造環節向服務環節拓展。在大數據、雲端運算等技術推動下，資料解析、軟體、系統整合能力將成為工業企業競爭力的關鍵與利潤的主要來源。利用大數據研究客戶或使用者資訊能夠為企業開拓新市場，創造更多價值。

　　舉例來說，美國奇異公司（General Electric Company, GE）原來是以製造為主的企業，但現在將業務領域拓展到技術、管理、維護等服務領域，而且服務創造的產值已經超過公司總產值的三分之二。顯然，設備製造企業借助大數據技術，向設備使用企業提供預測性維護方案與服務，可以延伸服務鏈、提升競爭力和價值。

　　與前三次的工業革命明顯不同，第四次工業革命是全方位的革新。儘管在今天，能源、交通、製造三駕馬車組成的現代工業體系已經成為人們的共識，但在第二次工業革命初期，產學各界與各國政府面對的只是各式各樣的技術，並不知道如何讓它們發揮價值，也不知道應該整合怎樣的體系來囊括它們。

　　第四次工業革命最重要的特徵就是多種技術融合，形成新產業鏈邏輯以及技術──商業的裂變效應，最終成為城市、企業、行業提升普遍生產關係的基礎。例如，由智慧製造提供支援的重新構想服務和業務模型使公司可以簡化整個價值鏈中來自供應商、生產商和客戶的生產關係；還能利用技術使得人員、流程和產品之間得以統一。製造商和服務組織可以訪問前所未有的資料級別，從而更容易理解、控制和改進其運營的各個方面。

　　隨著第四次工業革命的發展，歷史將走上一個新的拐點。各國要想在新一輪工業革命中領跑，必須克服障礙，加速融合、綜合發展；第四次科技競賽正準備啟動。

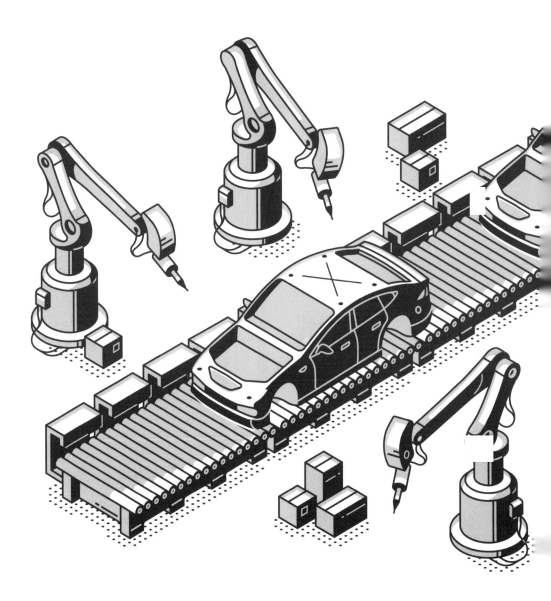

CHAPTER
2
走向泛工業時代

|2.1| 工業平台時代到來

　　平台經濟是數位時代生產力的新組織方式，是經濟發展的新動能。平台是生產要素沉澱、分發、流轉和交叉融合的處所，利用資訊工具、即時通訊以及網路功能，平台可以將世界上任何地方的貨品、服務供應商與客戶連結起來；如今，不同種類的平台已經改革了一個接一個的消費者市場。隨著第四次工業革命的深入發展，工業平台的時代終於到來。

▌從消費者平台到工業平台

　　資訊技術的發展讓人類社會從物理世界邁入數位世界，二十世紀 90 年代，數位革命方興未艾，開啟了第一次數位經濟的浪潮。其中數位技術主要在消費領域進入大規模商業應用，入口網站、線上影片、線上音樂、電子商務等主要商業模式的終端使用者幾乎都是消費者，這個階

段也因此稱為「消費網際網路」，消費者平台就是消費網際網路時代的重要基礎。

傳統產業的架構呈「V」字形，一邊是供給側，另一邊是需求側，中間則是作為供需雙方仲介的商品或服務——眾多供應商與大量消費者分立於兩側，由於彼此間身分不明難以辨認，加上資訊不對稱，容易造成交易效率低下和資源浪費。消費網際網路藉由消費者平台獲得了資源整合優勢，很大程度提高了供需雙方之間的溝通效率。其資源整合優勢主要體現在「V」字形的兩端，供應商與消費者之間的紐帶是商品，在交易完成後關係即中斷。

受益於平台的特質，消費平台型企業獲得了傳統企業不具備的能量，包括非競爭性、網路效應、規模效應以及範圍經濟。

從非競爭性來看，傳統企業的經營活動大多依賴消耗性的生產資料，其經濟活動的邊際成本不能降為零，規模效應也就因此受限。而對於消費平台型企業，資料作為其生產資料幾乎沒有複製和傳輸成本，單個用戶的使用不影響其他用戶的使用，也不會增加企業的供給成本；例如一款網路遊戲，當線上連線的用戶數增加，新增成本幾乎為零。因此，消費平台型企業可以為眾多使用者服務，其產能以及規模效應往往不具有明確的上限。

並且，社交平台具備典型的同邊網路效應（same side network effects），出於社交需要，使用者往往會偏向於加入使用者更多的社交平台，例如 Facebook 或者微信。由於平台沉澱了社交關係，對於單一使用者的切換成本較高，甚至是不可替換的，而電商這樣的雙邊市場則具有較強的跨邊網路效應（cross-side network effects），商家數量和商品種類愈豐富，愈能吸引更多的消費者進入平台購物，消費者的增加又會吸引更多商家加盟，進而實現跨邊、非直接的網路效應。

在規模效應上，一方面，資料具有規模效應——以貝殼找房為例，貝殼上的房源資訊一旦上架，不管多少使用者獲得這個資訊，成本幾乎沒有差別。另一方面，技術也具有規模效應——以阿里雲為例，平台上的功能一旦開發出來，無論多少客戶使用，其邊際成本都是較低的。反過來看，更大的規模可以給予平台更多的資金支持後續的研發和升級，進而逐漸形成競爭壁壘。

並且，由於消費網際網路不考慮商品的生產製造過程，應用場景相對簡單，因而對網路性能要求相對較低。同時，因為不考慮複雜度各異的生產過程，應用門檻低且趨向同質化，所以消費網際網路的發展模式可複製性強，易於迅速實現規模效應。另外，消費網際網路的投資回收期一般來說較短，更容易獲得社會資本支持，這也讓消費網際網路在數位技術的支持下獲得了長足發展。

在範圍經濟，舉一個例子來說明，Bilibili 是中國動漫、遊戲領域領先的影片平台，透過分析平台用戶的觀看行為，Bilibili 可以掌握最新流行的動漫及遊戲類型，以便之後公司展開動漫、遊戲代理等業務，針對平台上用戶的需求選擇最合適的內容發行。範圍經濟使得平台型企業能夠進入更多的業務領域，進一步推動大型平台企業的誕生。

事實上，消費網際網路的發展正是由網際網路企業主導和推動的，它能夠根據商品的檔次和類別快速整合供應商和消費者，本質上就是平台模式；再加上平台模式強大的網路效應，所有使用者都可能在網路規模擴大的過程中獲得更高的價值。這就是網際網路的上半場，即消費網際網路的生態體系。

來看 B2C 到 C2C 的例子：亞馬遜依靠網際網路平台，從網路書店發跡，很快成長為一家「什麼都能賣」的商店，將數百萬名消費者和上千家製造業者、經銷商以及零售商連結在一起，並使用龐大的網路與資料分析功

能，提供包括雲端運算、資料儲存及日漸增多的實體銷售，以及橫跨書店到超級市場的各項服務。

除了亞馬遜，以智慧手機聞名的蘋果公司，事實上也在平台賦能下，從簡單的通訊工具進化成為數千家資料、娛樂與服務供應商之間的連接商，包含出版商、音樂公司、電影工作室、遊戲製造商以及應用程式設計者等各範疇。

可以說，在網際網路的上半場裡，平台模式展現了強大的網路效應，所有使用者都可能在網路規模擴大的過程中獲得更高價值。臉書之所以能吸引數億位用戶，正是因為用戶們可以在臉書上找到最大限度的不同族群，反過來這又為臉書帶來巨大的廣告收益，以及來自銷售給會員的遊戲、應用程式與其他品項的一部分收入。

於是，在消費網際網路的時代，建立平台的廠商毫無例外地都獲得了優越的競爭力——平台讓廠商不僅能夠生產貨品或直接向客戶提供服務，還可以在商品與服務的提供者與需要商品和服務的消費者之間提供連接。而一旦平台達到某個關鍵的數量，就可以進入一種良性循環，參與者的人數會持續擴張帶來更多價值。

但是，消費者平台紅利正在逐漸減退。一方面，隨著「網際網路＋」趨勢的深化發展，以及工業企業面臨國際市場持續低迷、國內經濟加速放緩、人口紅利逐漸消失、節能環保要求不斷提高、客戶需求日益嚴苛等壓力，加工製造業轉型需求迫切；另一方面，在市場格局快速變遷和差異化競爭趨勢日益明顯的壓力下，技術的反覆運算更新、市場需求的快速升級、商業模式的活躍創新也在倒逼工業企業尋求新出路。

在這樣的背景下，工業平台作為製造業數位化、網路化和智慧化發展的基礎，再次掀起了新一代資訊技術與製造業融合的探索與實踐熱潮，使得平台經濟開始從消費者平台轉向工業平台。

工業平台：更複雜、更多元、更強大

作為第四次工業革命製造的平台化、柔性化，以滿足各種定製生產的工業平台是實現智慧製造的核心智慧生產技術之重要載體。

工業平台可提升的製造速度、準確度、效率與靈活度，與如今廣為人知的消費者平台大不相同；工業平台的結構與功能將更為複雜，並且會在與目前最成功平台所占據的消費者領域全然不同的生態系統和市場中運作。

更複雜的商業生態系統

工業平台將服務一個錯綜複雜的大型商業生態系統。作為市場的參與者，平台與其他市場主體一樣，首先是一家企業，企業以盈利為目的，運用各種生產要素向市場提供商品或服務，實行自主經營、自負盈虧、獨立核算的法人；不同的是，平台企業向市場所提供的商品或服務就是組織市場本身，即組織雙邊或多邊群體進行交流與匹配，因此平台又扮演了市場組織者的角色。

正是因為平台具有市場參與者與組織者的雙重身分，因此很多經濟學家認為這對科斯的經典企業理論提出了挑戰——作為配置資源的兩種方式，企業與市場的邊界變得模糊，平台既是企業又是市場。因此，也有經濟學家甚至直接將平台稱為「市場的具化」。而作為資源配置方式的市場概念，可以簡單概括為若干資源配置的機制，例如價格機制、交易機制和競爭機制等。

　　所謂平台成為「市場的具化」，正是指幾乎所有平台都在兩個或以上的機制中扮演了重要角色，對資源配置產生重要影響。例如，淘寶平台扮演了交易機制的設定、競爭秩序的維持、信用體系的建構等角色，滴滴平台則參與價格、交易、競爭、信用四個機制的建構。

　　因此，工業平台也將對市場資源配置具有影響力。工業平台面對至少四種型態的使用者，包括：

　　一，平台的直接使用者，即平台持有者以及使用平台各種不同元素的眾多公司，包括製造業者、供應商物流公司、批發商、零售商、設計公司、行銷顧問和其他服務供應商。

　　二，平台的間接使用者，即與平台或與直接使用者互動的機構，包括監管機構、稅務機構和其他政府部門、大學附屬的研究室，以及提供財務、法務、會計和其他專業服務的公司。

　　三，通訊網路，即平台持有者對平台使用者提供的內部系統，包括 Wi-Fi、近距離無線通訊、藍牙、無線路由器、無限範圍擴展器和中繼器、外部的通訊網路，例如電信公司、網際網路骨幹的供應商、網際網路服務供應商、內容傳遞網路和獨立的物聯網網路。

　　四，與平台連接的終端產品使用者，即平台持有者的客戶與使用者公司。

　　相較於消費者網際網路，工業平台的商業生態系統，通常牽涉到數百或數千家機構，更可能牽涉到組織管理階層中的數百萬名個別參與者。這將是一個更加複雜的世界。

更多元的使用者互動

如果說消費者平台讓站在兩側的供需雙方得以遙相辨認配對，那麼工業平台則需要下沉讓消費者近距離參與，並讓供給方貼身服務。對於供給側來說，需要下沉到產業鏈的每個環節，穿透企業的邊界，深入企業內部的日常運作層面，在供給側突顯實體的地位。對於需求側，消費者則參與生產甚至設計、創新等環節。

在中國，消費者平台的服務物件是個人（2C），改變人們的生活方式，其市場是 8.3 億網民以及 14 億人口，而工業平台的服務物件則是企業（2B）。嚴格來說，其服務物件是各類組織，包括企業、個體工商戶、農民專業合作社等市場主體，政府、學校、醫院、其他事業單位、社會團體等組織，它改變了社會的生產經營和管理方式。其中，在中國，僅市場主體就有1.2 億。

這也說明，工業平台搭建的是長鏈，從要素到價值，需要由客戶和服務商等多個生態共同體完成。工業平台的要素被服務商整合為解決方案，提供給傳統企業的客戶，傳統企業可以依據解決方案推動其內部執行流程乃至流水線上的工序互連和生態，最終向消費者提供個性化的服務。

更強大的網路效應

與消費者平台產出的網路效應相比，工業平台創造的網路效應也會相當不同，而且可能更強大；這些網路效應將為泛工業公司的興起做好準備。

前面已經講過，今天消費者平台經濟的全面崛起，主要歸功於以網際網路為核心的資訊技術造成交易成本大幅降低，使得平台模式內含的網路效應、特別是跨邊網路效應發揮到了極致。就網路產品或服務而言，網路效應

對使用者的價值取決於網路中其他使用者的數量，email 與微信就是典型代表。消費者平台經濟的進一步拓展，使跨邊網路效應出現，即一個平台產品或服務對使用者的價值取決於平台另一邊使用者的規模。例如，叫車平台上司機愈多，平台對乘客的價值就愈大；再例如，微信用戶愈多，微信公眾號或朋友圈廣告對商家的吸引力就愈大。這種跨邊網路效應是平台模式較傳統非平台商業模式強大的核心優勢。

這種跨邊網路效應在工業平台時代還會進一步增強。工業平台的持有者會想要在企業方與消費者方都打造更大的社群，讓他們可以享有網路效應提供的更多好處，包括從企業網路與消費者網路之間的互動成長所帶來的好處。大型且尚在成長中的企業方網路，可以提供吸引更多消費者的廣泛資訊、貨品與服務；而大型且尚在成長中的消費方網路，將吸引更多想要販售商品給更多客戶的企業。任一方平台的成長，都將有助於另一方在其他方面的成長。

當一家新的電子產品零售商加入某個工業平台時，將會「附帶」該公司所有的消費者客戶，這些客戶會接收到來自平台的訊息與買賣邀約，他們將成為關聯性產品、服務契約、零件替換與升級產品的販售標的，也將讓平台取得關於消費者偏好、購物習慣與瀏覽模式的額外資訊來源，讓平台的企業用戶更容易發出買賣邀約以及有效鎖定新客戶。因此，透過兩端網路效應自我增強的好處，可幫助平台更強大成長。

這也代表著，工業平台的管理者必須具備關於建造與維護企業和消費者雙方大型網路的技能。這種多技能的疊加，比起處理僅有消費者平台的管理者工作要更具有挑戰性，也可能獲得更多的報酬。

此外，企業用戶也將有能力創造對工業平台有價值的其他網路效應。許多企業使用者是經驗老到的產品設計者，有些具有工程上的才能或技術上的 know-how，還有一些是行銷、販售、物流、服務和其他重要業務活動的

專家。經營良好的工業平台應想辦法利用這些資訊與觀念上的資源，平台管理者可能會發起能為其他平台用戶衍生出有價值的共同創作、協作以及眾包（crowdsourcing，或稱群眾外包）業務。

最後，隨著企業用戶的數量成長，工業平台的網路效應也將進一步擴大。採購相同物料的公司——例如 3D 列印使用的同一種金屬粉末——便可以使用這個平台來集中他們的訂單，並因此獲得數量折扣、特別的運輸與倉儲服務，以及其他優惠的商業條件。

為重疊的客群生產相關商品或服務的公司，將使用這個平台的影響力打造出吸引人的套裝產品——製造嬰兒服飾、嬰兒家具、紙尿褲、玩具和出版兒童書籍的公司可以共同合作，開發出可以在平台消費者端販售的新生兒用品或是產前套裝產品。

同一個市場裡的公司也可以透過分享消費者資料來累積價值。從物聯網的購物活動、瀏覽結果以及其他地方收集而來的資料，可以使企業進行既有客戶與潛在客戶的深度分析；從中獲得的資訊可以為廠商創造更貼近客戶需求的產品，也能讓他們找出更有效的行銷手段。

工業平台可以為企業使用者創造的網路效應，幾乎是沒有限制。由於網路效應，市場佔有率更高的平台能夠為用戶帶來更多價值，進而吸引並聚攏更多的用戶，並且平台現有用戶會具有較高的粘著度。最重要的是，持有最佳工業平台並享有因龐大網路效應所帶來好處的公司，將會處於有利的位置，成長為未來泛工業世界的巨頭。

|2.2| 打造工業平台

在不同領域中，被稱為「平台」的事物也不盡相同。在產品層面，「平台」通常表示公司中創造新一代產品或某種系列產品的專案。Wheelwright和 Clark 最早使用「平台產品」（platform）一詞來描述那些透過改變、替換原產品的某些特徵，同時依然能夠滿足核心客戶需求的衍生產品（derivative）。在技術系統層面，「平台」被定義為產業中有重大價值且對產業具控制作用的關鍵點，如電腦產業中的作業系統、瀏覽器的內核等。在交易層面，經濟學家用「平台」來表示兩個或多個交易方之間負責仲介交易的機構或公司。

雖然不同領域中被賦予「平台」稱號的——如軟體程式、網站、作業系統、汽車車身和遊戲主機——是各種不同的事物，但這些事物往往具有一些共同特徵，例如，多數「平台」的定義均強調產品、某個行業或系統中重複使用以及可以共用的元素。

Meyer 和 Lehnerd 則認為，平台是一組可以重複使用的萬用群組件，企業可以在此基礎上有效地創造一系列衍生品，而可以重複使用的元素只是平台系統架構的一部分。Wheelwright 和 Clark 指出，平台系統架構包含一種周邊元件，可以在核心功能的基礎上新增額外功能並不斷改進，為細分市場生產符合目標族群的衍生品。Whitney 等則更準確定義了平台系統架構，指出該架構包括：功能清單、用於實現不同功能的周邊元件、不同元件之間的介面以及系統在不同條件下執行效果的描述列表。

歸納起來，平台系統架構的基本特徵可以表示為：某些核心元件在平台的整個生命週期中基本上保持不變，其他周邊元件具有多樣化的特點。同時，不同元件之間需要必要的介面，即平台系統架構的共性特徵是由穩定的核心元件、多樣的周邊元件和元件間的介面三部分組成。

其中，核心元件具有重複使用的特徵，隨著市場環境的改變，不必從頭設計或重建系統，可以透過提高周邊元件多樣性，針對不同的細分市場同時開發多種衍生品來創造範圍經濟；而核心元件的量產和重複使用，攤銷了整個產品系列或產業演進中的固定成本，也實現了規模經濟；最後，提高介面的標準性，可以降低周邊元件與核心元件相容的成本，這又進一步降低了產品成本。可見，平台透過模組化、連線性和介面標準來表達的產品技術架構展現了平台優勢。

根據平台而誕生的工業平台，是新型基礎設施建設中涉及智慧製造與工業網際網路領域的深度交叉平台。其中，核心層為平台架構中長期不變的模組，具有基礎性和通用性，如人工智慧、大數據、雲端運算等方面的核心智慧製造技術；應用層為平台架構中具有多樣性特徵的周邊模組，如細分市場的衍生產品、工業軟體系統中的微服務模組、平台的個性化拓展服務、企業定製工業 APP 等，以適應多樣變化的需求場景；介面層為資料來源與核心層、資料來源與應用層、核心層與應用層以及各層架構內部主體之間的介面，如閘道、通訊協定、產業標準、資料轉換等。

工業平台將不再局限於傳統處理器（CPU）技術，以大數據分析推進技術研發和前沿產品設計，建設智慧企業。工業平台不僅以數位技術更新產業製造設備，藉由大數據、物聯網、區塊鏈技術達成應用廠商、雲端服務商、IDC 專業服務升級，並將借助產業整合資料預測未來產業走向，智慧化定製企業發展策略，進一步完善柔性生產系統。工業平台是第四次工業革命發展與延伸的基礎保障，更是大數據時代連接企業與使用者的核心樞紐。

打造工業平台，企業需要擺脫技術依賴性，避免技術創新的過度惰性，警惕技術博弈創新過程中的過度動機。同時，更需要在整合生產資源與用戶資源的基礎上提高技術研發效率，實現技術邊際收益遞增，達成技術外溢的

正外部性，進而實現企業工業平台的內生創新改革，樹立產業創新的網路範式，最終形成產業區域創新和集群創新的生態範式。

▎推動產業生產力

工業平台化不是憑空產生的社會進程，而是以前期技術積澱為支撐，以人工智慧和新一代資訊通訊技術等先進技術作為產業變革的轉折點。

推動產業生產力，首先需要以人工智慧等新技術作為技術支撐。製造業智慧化的關鍵在於「智慧」，而「智慧」則需依賴人工智慧技術來實現，因而人工智慧技術是製造業智慧化的支撐技術。以離散型製造為例，離散型製造具有設備分散、工序不連續等特點，推動離散型製造智慧化就需要透過智慧感測器來收集基礎資料，透過智慧機床、工業機器人以及智慧倉庫系統來實現柔性生產運作，賦予產品智慧實現價值增值。這一連串的過程均是以人工智慧技術作為基礎，透過對各個製造流程進行智慧化改造而達到最終目的。

其次，以工業網際網路作為連接方式。企業智慧化不代表產業智慧化，由企業智慧化走向產業智慧化需要將所有企業連接起來，因而工業網際網路是製造業智慧化的連接方式。工業網際網路的作用在於將生產製造中涉及的機器、設備、網路和工作人員透過網際網路建立起關聯，達到人／機／物充分互連，根據多種智慧預測演算法來量化製造活動和環節，建構龐大的工業網際網路，並以工業網際網路作為製造業企業協同發展的紐帶，不斷推進製造業的智慧化進程。

最後，將建立新型製造體系設為發展目標。製造業智慧化的推進不僅需要企業實現智慧化，還需要依賴其他相關行業的發展；也就是說，要以建構新型製造體系作為產業智慧化的發展目標。以製造業企業智慧化作為主要發

展方向，發揮相關產業（如資訊服務業）對製造業企業配套支撐作用，鼓勵不同產業領域企業資訊跨界互連融合，立足於高端智慧裝備國產化，完善工業網際網路基礎設施建設，從系統上推動工業平台發展。

▌強化創新效能

「創新」是製造業發展的引擎，是結構調整優化和轉變經濟發展方式的不竭動力。因此，美國與德國在發展製造業的戰略行動計畫上，都將創新放在極其重要的位置。但歷史也已經告訴我們，科技、產品與製程上的創新嘗試，往往會因為過於脆弱或是與周遭商業生態系統脫節而導致失敗。

例如，當年 Nokia 開創性的 3G 手機，因為公司生態系統的合作夥伴無法及時開發出影像串流、位置導向的裝置及自動化支付系統，落得失敗的下場；又如 1980 年，飛利浦電子公司的改革性高解析度電視，由於缺少高解析度相機與支援的傳輸功用，也以失敗收尾。

一個工業平台可以透過加強生產者與使用者之間的夥件關係來支持創新。當平台使用者在開發新的產品構想時，其他使用者可以透過協助發展可靠的供應鏈、採用相關科技、生產關聯性產品服務，並且在經銷與行銷這項新產品的共同合作上支持這項創新。

▌多地理位置創造範圍經濟

依賴傳統製造方法的公司很難服務任何一個產品需求量低的市場。如果某個國家或地區無法支援大規模市場的生產，那麼大部分的公司就會選擇從另一個地點出貨（這可能會導致產品所費不貲），或是完全跳過這個市場。

工業平台對這種兩難局面有許多解決方式：電子監測控制遠在他方的小型工廠，加上可以快速、輕易改變生產計畫的彈性，使廠商即使在低密度地區也能打造多模式工廠。藉由緊密追蹤需求，製造商可以做出精確的決定，依照需求變換產品或零件，製造出多樣性的可用商品，因而即使是小型市場也買得起。

工業平台也可以讓多國企業更容易跨國或跨地區追蹤某項產品需求的變化。針對消費者偏好與傾向的最新資訊，有助於廠商修改生產計畫，更精準瞄準市場需求，並因此減少生產、運輸與儲藏未售出商品的成本損失。這個平台也可以辨認出當地理想的零件與原物料資源，協助優化公司的供應鏈，減少風險、同時進一步增加利潤。

另外，使用相同平台的公司，可以結合來自同一地區或國家的不同產品訂單，創造出有效執行並負擔得起的高品質、高價值產品；工業平台不僅能藉此追蹤與合併訂單，還可以辨識出最佳運送路線與方式，並利用特定時間內的價格優惠帶來幫助。工業平台所產生的這些效益，可以為企業服務較小型的多重市場，藉此得到比目前更高的獲利。

當然，工業平台的建設非一朝一夕之事。當前，從實踐來看，工業平台仍處於初級階段，儘管平台技術和服務能力已實現單點創新，但要形成系統突破還需探索如何建立共贏發展的開放合作生態。

|2.3| 以泛致勝：泛工業革命

任何製造系統都包含兩個尺度──即製造技術系統和伴隨製造技術系統的製造模式系統。製造技術系統是製造技術的集合，推動著生產力不斷向前發展；而製造模式系統則影響著技術投入的種類、轉換過程的性質和系統的

產出。因此，製造模式系統決定著技術利用的有效性和效率，如果單純試圖優化技術系統，則可能使社會製造的總效能降低。

泛工業時代是一個製造技術嬗變協同著製造模式嬗變的時代。當前，以物聯網和大數據為代表的資訊技術、以綠色能源為代表的新能源技術、以3D列印技術為代表的數位智慧製造等技術系統正協同創新，將柔性化、智慧化、敏捷化、精益化、全球化和人性化融為一體，改變著製造業的生產模式和全球經濟系統，引領人們的生活走向「泛」化的工業時代。

只有把握「泛」工業，創造「泛」優勢，迎接「泛」挑戰，才能以「泛」致勝未來。

製造技術的嬗變

二十世紀 80 年代，先進製造技術的提出是新一輪製造技術嬗變的開始。

先進製造技術的概念起源於美國，早期是指以電腦和資訊技術為基礎的製造技術群，主要包括電腦輔助設計、電腦輔助製造、電腦輔助工程、機器人及柔性製造技術、自動控制系統、數位控制技術及裝備等。但是隨著技術的發展，其內涵也不斷擴展，包括目前的各種先進機械加工技術，例如奈米加工、鐳射切割、積層製造等。

從生產流程來看，先進製造技術與傳統製造技術在製造過程上有極大不同。傳統製造是利用製造資源將原材料轉換為產品的過程，僅為生產過程的一部分，一般包括產品的加工和裝配兩大內容──製造商自行生產或者從供應商購買零件，將其組裝成產品並檢驗以符合要求，製造過程中輸入的是原材料、能量、資訊、人力資源等，然後輸出符合要求的產品。傳統的製造系

統設計、製造與銷售各部分之間資訊的傳遞與回饋不暢通，各部門按功能分解任務，容易只考慮本部門的利益，對系統的優化考慮較少，造成設計與製造部門間難以協調、矛盾突顯等問題。

先進製造技術主要是從材料設計、製造流程改造、產品服務融合的整合解決方案和迴圈利用四個方面拓展傳統製造技術的內容：新型材料的成型和加工技術愈發重要，對材料分子層或原子層的定向改造大幅提高了產品性能，超硬材料和功能梯度複合材料某些新成形加工技術將不斷湧現，如超導材料成形加工等。

對於製造流程改造來說，傳統製造是以批次處理、時間和空間分離的分散式加工為導向，先進製造超效能加工和自動化技術能夠促使連續流程製造，減少零件庫存。

並且，先進製造強調涵蓋從產品研發直至客戶應用的全部過程，提供產品、軟體和服務於一體的產品解決方案和端對端的服務。知識資本、人力資本和技術資本的高度聚合，使製造活動擺脫了傳統製造低技術、低附加價值的缺點，透過產品設計、管理諮詢等活動，技術和知識在生產過程中得以實際運用，將技術進步轉化為生產能力和競爭力，為企業帶來更高的附加價值。

此外，先進製造還注重材料的回收利用，不但對環境友善而且節約原材料成本。傳統的產品製造模式是一個開放迴路控制系統──即原料→工業生產→產品使用→報廢→棄入環境，這是以大量消耗資源和破壞環境為代價的製造方式。但是，先進製造技術在製造的整個生命週期中會將生態環境和資源效率考慮進去，從單純的產品功能設計擴展到生命週期設計。

其中，積層／精準製造用於加工階段的改造；機器人／自動化技術用於組裝和生產流程的自動化；先進電子技術用於產品和服務的融合以及加工過

程的控制；供應鏈設計以整體效益最優化為目標，以系統化的觀點綜合考慮人、技術、管理、設備、物料、資訊等系統構成要素的優化組合，在滿足產品或服務供給要求的同時達到成本最低；清潔生產技術主要用於材料的迴圈利用、回收等環節；分子生物學和生物製造用於材料設計及製造流程的改進；奈米材料技術用於合成與加工功能梯度材料、複合材料等；物聯網、雲端運算和大數據用於對產品全生命週期製造過程進行全方位跟蹤、分析、優化和控制，實現多維度、透明化的泛在感知，確保製造過程的高效、敏捷、可持續和智慧化。

可以看見，先進製造技術注重經濟效益和技術的融合性，透過柔性生產、靈活生產、產品差異化、注重效率和品質等方式增強企業對市場的反應能力、提高自主創新能力，為客戶提供更加人性化的服務，具有產品品質精良、技術性高、資源消耗低、環境污染少、經濟效益好等特性。

▌製造模式的嬗變

製造模式是製造業為了提高產品品質、市場競爭力、生產規模和生產速度，以完成特定生產任務而採取的一種有效生產方式和一定生產組織形式。從製造業的發展進程來看，不同社會發展時期決定了不同的製造思想、生產組織方式和管理理念，它們相互作用、共同決定了特定時期的製造模式。

以電腦資訊與人工智慧技術為代表的高階技術，其高滲透性、高帶動性和倍增性不但使得資訊產業和智慧產業在國民經濟中的地位迅速提高，而且也對傳統製造業進行了重新塑造。其用扁平化、網路化組織結構方式組織製造活動，追求社會整體效益、顧客體驗和企業盈利，成為最優化的柔性、智慧化生產系統，網路化協同、個性化定製、服務化延伸以及智慧化生產的製造模式成為新科技群的協同效應與深度融合的結果。

從網路化協同來看，其是指在產品全生命週期製造活動中，以資訊技術和網路技術等為基礎，實現快速回應市場需求和提高企業競爭力的製造模式。例如，企業借助網際網路、大數據和工業雲平台，發展企業間協同研發、眾包設計、供應鏈協同等新模式，實現有效降低資源獲取成本、大幅延伸資源利用範圍、打破封閉疆界的目標，進而加速從單打獨鬥轉變為產業協同，提升產業的整體競爭力。網路化協同包括協同研發、眾包設計、供應鏈協同等模式，為傳統企業實現創新的高效、便捷、低成本管道。

從個性化定製來看，網際網路、大數據及雲端運算、演算法和柔性生產能力與水準提升，推動個性化定製迅速發展。透過工業平台，企業得以與用戶高度互動、廣泛徵集需求，運用大數據分析建立生產排程模型，依靠柔性生產線在保持規模經濟性的同時提供個性化產品。個性化定製透過工業平台和智慧工廠將用戶需求直接轉化為生產排程，實現以用戶為中心的個性定製與按需生產，有效滿足市場多樣化需求，解決了製造業長期存在的庫存和產能問題，進而達到產銷動態平衡。例如，在以 3D 列印為代表的個性化製造系統中，消費者不再被動接受或僅從企業給出的產品清單中選擇產品，而是親身參與產品的設計過程，並直接成為產品生產者。

服務化延伸則是製造價值鏈的增值，透過產品和服務融合、客戶全程參與、提供生產型服務或服務型生產，整合分散的製造資源和各別核心競爭力，達到高效創新的一種製造模式。

企業可以透過在產品上添加智慧模組，實現產品聯網與執行資料獲取，並利用大數據分析提供多樣化智慧服務，由賣產品向賣服務拓展，有效延伸價值鏈、擴展利潤空間。建立智慧化服務平台和智慧化服務將成為新的業務核心，以擺脫對資源、能源等要素的投入，更能滿足用戶需求、增加附加價值、提高綜合競爭力。

　　智慧化生產是利用先進製造工具和網路資訊技術對生產流程進行智慧化改造，實現資料的跨系統流動、採集、分析與優化，完成設備性能感知、過程優化、智慧排產等智慧化生產方式。同時，它也是在新一代資訊技術、雲端運算、大數據、物聯網技術、奈米技術、傳感技術和人工智慧等基礎上，透過感知、人機交互、決策、執行和回饋達到產品設計、製造、物流、管理、維護和服務的智慧化，是資訊技術與製造技術的整合協同與深度融合。

　　在產品加工過程中，智慧製造將感測器及智慧診斷和決策軟體整合到裝備，由程式控制的裝備升級到智慧控制，能自我調整回饋被加工工件在過程中的狀況。例如，以 CPS 為基礎的智慧製造生產過程與傳統的數位控制加工技術相比，能感知溫度、環境、加工材料的屬性變化並做出相應調整，不會死板地執行預定程式，能夠保證加工的產品精度。

▍以泛制勝，革命先聲

　　以生產方式變革為主線的新興製造技術和製造模式的群體湧現、協同融合將人類社會推進泛工業時代。

　　首先，泛工業革命不是依賴單一學科或某幾類技術，而是全方位的多學科、多技術層次、寬領域的協同效應和深度融合的革命。新一代資訊技術包括雲端運算、大數據、物聯網、務聯網、雲平台等，新能源如再生能源、潔淨能源等，新材料如複合材料、奈米材料等技術，都將為泛工業革命創造強大的新基礎設施。網路化製造、製造物聯、雲端製造、智慧製造等分散式製造、眾包生產、集群效應、利基思維等使生產方式發生變革，將整個工業生產體系提升到一個新的水準，工業生產、經濟體系和社會結構將從垂直轉向扁平、從集中轉向分散。

　　並且，以智慧製造為代表的新一代先進製造模式，勢必會讓商業模式、管理模式、服務模式、企業組織結構和人才資源需求發生巨大變化，這將為工業領域、生產價值鏈、業務模式乃至生活方式帶來根本性變革，進而推進並實現泛工業革命。

　　其次，泛工業革命將廣泛深入到所有行業，無論是消費網際網路、航太航空、衣食住行還是生命科學產業皆然，泛工業革命將是嵌入在整個技術經濟社會系統中的多維度變革。因此，迎接這場革命的戰略準備不能狹隘地停留於前沿製造技術的突破，更應該將技術與產業融合，打造具有創新優勢和管理優勢的泛工業平台。

　　一是製造技術嵌入在更大的技術創新系統中。泛工業革命是將包含數位、電子和材料在內的基礎技術以及模擬、數位建模、機器人、人工智慧、程式控制感測器、測度等技術工具向設計、開發、製造、配送和服務的各個環節應用與滲透的過程。因此，一國先進製造技術的突破必須打破傳統、靜態的技術和產業邊界，或者形成獨立的創新能力，抑或是具備接入和利用全球創新資源的能力，透過培育、整合各領域的技術才能形成具有競爭優勢的現代製造能力。

　　二是製造技術嵌入在企業的管理系統中。新一代製造技術的應用和執行過程向來是製造技術與企業戰略、行銷和基礎管理工作的系統性協調變革。對美國柔性製造系統的一項調查研究發現，二十世紀 90 年代初期採用的柔性製造系統中，有高達 20% 的設備並沒有實際投入使用，而限制這些設備使用效果的主要原因就是企業管理和員工能力未達到新設備的水準。可以預見，泛工業革命必然伴隨著產品創新、管理、商業模式等方面的變革，發生在工廠的製造革命只是企業整體戰略變遷的一部分而已。

　　對泛工業革命內涵的理解，必須透過與社會科學（如經濟學和管理學）等跨學科的對話和交流，適當突破自然科學和工程技術學科的理論範疇。工

業發展歷程清楚顯示，新生產模式的出現均是與特定的社會制度、組織結構和經濟因素等相互作用的產物，而新的製造模式又會對既有社會制度和管理方式提出新的要求，進而推動企業管理模式、社會制度環境的革新。

　　總而言之，在市場、技術、社會經濟環境變化與全球一體化趨勢的推動下，製造業正在經歷一場革命，一場以徹底革新先進製造技術和經營方式為主要內容的先進製造模式革命，它涉及了製造理念、製造戰略、製造技術、製造組織與管理等各個領域的全面變革。

第二篇 | 現在

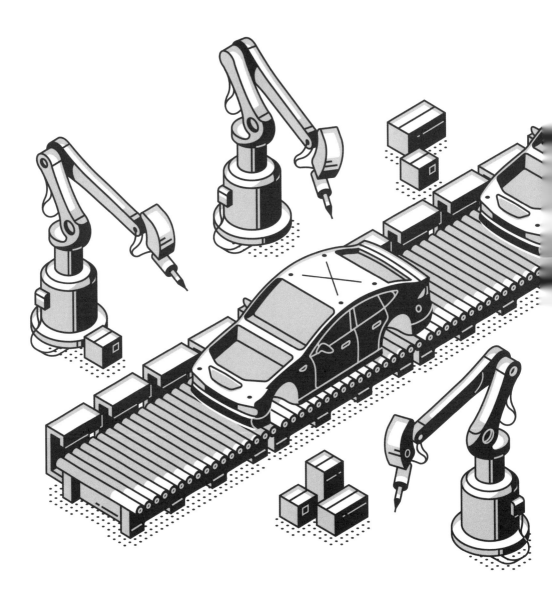

CHAPTER
3
製造技術群

|3.1| 3D列印：積層製造與精密成形

2012 年，英國《經濟學人》（The Economist）雜誌刊文將 3D 列印技術視為「第三次工業革命」的重大標記之一，引起全球注目。這項革命性技術無需在工廠進行操作，也就代表不需要機械加工或者任何模具，無疑將大大縮短產品的研製週期、提高生產效率並降低生產所需的人力資源成本。

3D 列印為社會民眾充分參與產品的全生命製造過程，為個性化、即時化、經濟化的生產消費模式提供了可能。隨著 3D 列印技術的持續發展，其應用領域已經逐步滲透到生活的諸多方面，並且正在深度與廣度上重塑了社會形態與人們的思維認知方式。

從減材製造到積層製造

很難想像，近幾年才漸為世人熟悉的 3D 列印，實際上早在 1983 年就已經誕生了。3D 列印技術在現代 CAD/CAM 技術、機械工程、分層製造技術、雷射技術、電腦數位控制技術、精密伺服驅動技術以及新材料技術的基礎上整合發展起來，是推動製造業新一輪生產模式變革的重要現代製造技術之一。

3D 列印即三維列印，又稱立體列印、增材製造或積層製造（additive manufacturing, AM），相較於常見的二維平面列印，3D 列印有所同、也有所不同。然不論是二維平面列印還是三維立體列印，本質上都是一種列印技術，不同的是，平面列印最後以平面形狀將檔案內容列印出來，除了傳遞資訊，平面列印並不具備實際的功能；較之於平面列印檔，3D 列印卻可以直接展示功能。

3D 列印需將想要列印的物品三維形狀資訊寫入 3D 印表機可以解讀的檔案中，等 3D 印表機解讀檔案後，以材料逐層堆積的方式列印出立體形狀。可以說三維的形狀就是功能的基礎，列印出了形狀也就列印出了功能。

此外，與「減材製造」相對，3D 列印又稱為「積層製造」。對於現階段的製造業來說，目前所使用的材料加工技術多為「減材製造」技術，即對原材料進行去除、切削、組裝等加工，使原材料具備特定的形狀並可執行特定功能。而「積層製造」則是直接將原材料逐層堆積成特定的形狀，以完成特定的功能。

積層製造工作過程，主要包含三維設計和逐層列印兩個過程：先透過電腦建模軟體建立模型，再將建立好的三維模型分區成為逐層的截面，指導印表機逐層進行列印。相較於傳統的減材製造方式，積層製造無疑具備很多優勢。

其一是縮短生產製造的時間、提高效率。用傳統方法製造出一個模型通常需要數天，需根據模型的尺寸以及複雜程度而定，而利用三維列印技術則可以將時間縮短為數小時；因此，積層製造比減材製造更適合製造形狀複雜的零部件。當然，這也受到印表機性能以及模型尺寸與複雜程度的影響。

其二是提高原材料的利用效率。與傳統的金屬製造技術相比，積層製造機製造金屬時只有極少的副產品。隨著列印材料進步，「淨成形」製造可能成為更環保的加工方式。

其三是完成複雜結構以提升產品性能。傳統減材製造方式在複雜外形和內部腹腔結構的加工上有其局限性，而積層製造可以透過進行複雜結構的製造來提升產品性能，在航空航太、模具加工等領域具備減材製造方式無可比擬的優勢。

例如，一台 3D 印表機可以列印出許多形狀，它可以像工匠一樣每次都做出不同的零件。對於傳統的機床生產線來說，要加工不同形狀的零件，需要對生產線進行複雜的調整，因此，積層製造尤其適合定製化、非批量生產的物品。

▍入場智造，滲透製造

3D 列印的應用範圍之廣超乎人們的想像，理論上，只要是存在的東西幾乎都可以透過 3D 印表機複製出來。一開始，3D 列印主要是在模具製造、工業設計領域用於製造模型，隨著技術不斷成熟，已經在更多領域得到廣泛應用，包括航空航太、工程施工、醫療、教育、地理資訊系統、汽車等。

- **傳統製造業**：3D 列印無論是在成本、速度和精確度上都遠勝過傳統製造技術，這種技術本身非常適合大規模生產。汽車產業在進行安全

性測試等工作時，會將一些非關鍵部件用 3D 列印的產品替代，在追求效率的同時也能降低成本。

2011 年 8 月，英國南安普敦大學的工程師設計並試飛了世界上第一架「列印」出來的飛機。這架飛機的外殼由一款專門列印尼龍材質的 3D 雷射印表機一層層疊印而成，相當輕便。

2015 年，美國太空總署 NASA 根據 3D 列印技術，列印出航空火箭發動機的頭部，使得零件大量減少，焊縫也隨之減少，在降低火箭發動機故障機率的同時，也縮短了反覆運算週期、降低成本。

2020 年 5 月，中國首飛成功的長征五號 B 運載火箭上，搭載著中國新一代載人飛船試驗船，船上就載了一台 3D 印表機。這是中國首次太空 3D 列印實驗，也是國際上第一次在太空中展開連續纖維增強複合材料的 3D 列印實驗。

■ **醫療行業：** 在外科手術中，3D 列印技術可為需要器官移植的患者「量身打造」所需器官，無需擔心排斥反應。並且，列印一個人體心臟瓣膜只需要十塊美元的高分子材料。2019 年，以色列特拉維夫大學宣布學校實驗室已經用 3D 列印成功列印了一顆「心臟」，這不僅是一個外觀列印的心臟，這是世界上第一個利用患者自己的細胞和生物材料 3D 列印出的三維血管化工程心臟，也就是具有血管組織的三維人造心臟。

■ **建築設計行業：** 在建築行業裡，工程師和設計師已經逐漸開始使用 3D 印表機列印的建築模型，這種方法既快速、成本低又環保，兼具精美製作效果，完全合乎設計者的要求，同時又能節省大量材料。在杜拜，政府甚至選擇用 3D 列印來建造政府大樓。3D 列印建築主要作業由機器完成，一體成型，建築速度快，工人的作用多為操作和檢驗 3D 印表機的工作情況，因此，該技術對人力的需求比傳統建築行業少。

■ **個性化產品定製：**3D 列印技術成功地把虛擬世界與現實世界聯結起來，將人們腦中的想法轉變成電腦中的資料建模檔，再透過列印設備使之變為真實可感的現實物品。在未來，透過網際網路，人們所有生活所需的產品和消耗品都可以找到列印的圖紙，配合相應的材料以及雲端服務技術，對每一台 3D 印表機即時控制，幫助每一個人生產出其所需要的產品。不論是個性筆筒、半身浮雕的手機外殼，還是和另一半獨一無二的戒指或其他個性化產品。

與此同時，在社會化製造的生產方式下，數量眾多的 3D 印表機將會形成規模龐大的製造網路，並與網際網路、物聯網無縫連接，構成複雜的社會製造網路系統，其最大特色是消費者可以直接將多元需求轉化為產品，實現「從想法到產品」的充分轉化，並且讓消費者透過網際網路參與產品設計、改進等過程，盡可能滿足社會多元化需求。可以預見，人類世界將會迎來一個產品更加豐富多彩的新時代。

隨著技術逐步成熟，3D 列印正在不斷展現著其商業價值。

3D 列印的未竟之路

當 3D 列印逐漸走進人們的生產生活中，人們也正一步步把萬物皆可列印推向現實。其巨大發展前景和廣闊應用空間令人期待，但作為一項快速發展的技術，要想發揮 3D 列印的積極影響，仍有很長的路要走。

一方面，3D 列印對於標準產品的規模效益不如傳統的加工方式。相較於傳統的加工方式，3D 列印製造過程中的固定成本更少，這會導致在規模化生產標準產品時的製造邊際成本下降，不如傳統的加工方式。

舉個例子，使用傳統的注塑方式加工一個橡膠零部件，所使用的模具屬於固定成本，由於產品是標準化的，批量加工該零部件時就會使得每個零部

件分攤的該項固定成本變小，因此當利用該模具加工的零件趨向於無限多，則每個零部件均攤的成本趨近於 0；而如果利用 3D 列印加工該零部件，不需要用到任何模具，因此即使是用該技術批量加工完全相同的零部件，均攤的固定成本也不會降低。

另一方面，3D 列印目前可用的原材料種類有限。以現在的情況來看，3D 列印技術可以加工的材料種類不如傳統加工方式多，主要原因為：一，由於對性質不同的原材料使用的設備原理有所不同，因此可使用的原材料種類之開發，受限於對應的設備研發進展；二，其原材料往往需要特定的形態──例如金屬 3D 列印常使用金屬粉末作為原材料，且對金屬粉末的均勻度、含氧量、顆粒大小等都有所要求。相對於型材來說，粉末的加工難度更高，且相應的產業鏈尚不如傳統材料那樣廣泛而龐大。

對於利用 ABS 塑膠、光敏樹脂等非金屬進行的列印來說，目前市場上已有較多的原材料供應商，原材料的成本不是限制該技術發展的瓶頸；但對於金屬、高級聚合物材料來說，由於供應產能的限制，價格仍然比較昂貴。

此外，3D 列印的零部件力學性能以及金屬 3D 列印在加工精度、表面粗糙度、加工效率等方面仍有改進空間。同時，成品是否堅固耐用、用戶認知度是否提升、智慧財產權是否面臨更多的侵權風險，這些都是 3D 列印在發展過程中必經卻未竟之路。

▎承載未來製造想像

從商業應用和市場化來看，經過三十多年的發展，3D 列印產業已經形成一條比較完整的產業鏈。包括上游製造 3D 列印設備所需的零部件、列印過程中所使用的各類原材料、設計和逆向工程需要的軟硬體；中游的 3D 列印設備及服務；下游的航空航太、汽車、醫療、教育等應用領域。

　　事實上，全球 3D 列印產業的規模都呈現快速成長。據諮詢機構 Wohlers Associates 統計，2013 年全球 3D 列印產業總產值為 30.3 億美元，2018 年達到了 96.8 億美元，五年間的複合增速達 26.1%。該機構同時預測，從 2019 年到 2024 年間，全球 3D 列印產業仍將保持著年均 24% 左右的複合增速。

　　相較於全球平均水準，中國 3D 產業的市場規模增速更高。2013 年國內 3D 列印產業規模僅 3.2 億美元，2018 年規模達 23.6 億美元，五年的複合增速達 49.1%。預計 2023 年，中國 3D 列印產業總收入將超過 100 億美元。

　　顯然，3D 列印已逐漸從導入期步入成長期，而疫情無疑加速了進程。3D 列印不受空間限制，能夠縮短供應鏈流程，生產效率更高；況且製造門檻更低，因而有機會擺脫供應鏈。於是，受海外醫療防護物資緊缺影響，利用 3D 列印設備製作出的口罩、醫用面罩、護目鏡等一時間成了「救援奇兵」。

　　其中，中國消費級 3D 印表機製造商創想三維，就是這一波 3D 列印風潮中的獲益者，同時也是中國國內 3D 列印產業的主要角色。創想三維 3 月出貨量 5 萬多台，4 月初接到訂單近 16 萬台，4 月銷售額 2.2 億元。此外，閃鑄、愛用科技、光華偉業、潮闊電子等出口型 3D 企業也回饋了更多積極消息。

　　有許多技術創新都站在取得突破的門檻上，但其中卻少有可望逆轉生產率成長的下降；3D 列印卻不同──它從設計上就是一種有助於提高生產率的工具。如果將 3D 列印和機器人結合起來，它的影響將會更大。機器人在 3D 空間中非常靈活，而 3D 印表機可以建構複雜的東西；將這兩者結合起來，沒有理由不能從零開始建構任何結構。

過去四十年，中國製造業經歷了由復甦朝向崛起的快速發展，規模不斷擴大，產業結構轉型加快，綜合實力與國際競爭力顯著增強。在製造業飛速發展至工業 4.0 智慧製造的今天，智慧製造最大的挑戰從「量」進階到了「質」；大規模定製、開放式創新與智慧化工廠這些變化，也將是 3D 列印智慧製造最直接的體現。

3D 列印技術承載了人們對未來製造模式的想像，是數位時代人類技術累積到一定階段所孕育出來的新技術。在未來，傳統製造的物理限制和空間限制將不再那麼重要，設計、生產將更加扁平化、更加開放。

|3.2| 奈米技術：把百科全書寫在針頭上

1959 年 12 月，美國物理學家理查費曼（Richard Phillips Feynman）以「在微小等級操縱和控制事物的問題」為主題發表了名為「底部有充足的空間」（There's Plenty of Room at the Bottom）的演講。在那次演講中，費曼不滿足於在針頭上刻字母的技術，進一步提出：「我們為什麼不能把整本百科全書寫在針頭上？」

這個當時看似難以實現、以至於沒有引起過多關注的想法，卻成為奈米技術最早的科學預測，並從根本上開啟了奈米技術有意識發展科學的序幕。1990 年，Don Eigler 和 Erhard Schweizer 使用掃描電子顯微鏡操控鎳表面上的單一氙原子，首次操縱原子寫出「IBM」，實現了費曼的設想。

如今，奈米技術經過數十年發展已經蔚然成風，它能夠製造出具有高度柔韌性、導電性、耐用性的新材料，所使用的奈米儀器和製備的奈米顆粒也造成科學、工業、日常生活各個領域的顯著改變。

從長度單位到技術可能

一般人對於奈米一詞並不陌生，它是長度單位，是一公尺的十億分之一。一個分子和 DNA 是一奈米，一根頭髮是 75,000 奈米，注射用的針頭就是 100 萬奈米，而一個身高兩米的籃球運動員則能達到 20 億奈米。

當材料的三維尺寸中某一維的尺寸達到了奈米級，在 0.1 到 100 奈米之間，具備這種特徵的材料就稱為奈米材料。此外，在奈米尺度上，材料會呈現出與宏觀尺度完全不同的物理、化學和生物學特性。

例如，在常規的化學反應中，鍵使原子結合，反應物保持在促進最低自由能的精確方向，每一種反應物都具有不連續的能量。在化學反應中發生的原子重新排列總是伴隨著熱的釋放或吸收，斷裂鍵吸收能量，形成鍵則釋放能量。

在奈米尺度中進行相同的反應時，反應物可以利用「分子機器」透過輸送帶上的夾具保持精確方向，在適當角度和力量下結合在一起。輸送帶隨著反應的發生而移動，將達到每秒催化超過 100 萬次的反應。

事實上，奈米尺度上展現的不同特性早在遠古時期就已有記錄，只不過，當時雖然已經得到一些應用，但並未形成學科。西元前六世紀的羅馬酒杯——Lycurgus Cup，就是古代工匠在杯子製作材料中加入了膠體金和銀奈米顆粒，在光照作用下，杯子顏色可以從綠變紅。該只酒杯現收藏於大英博物館，也是目前發現最早的奈米技術應用。

顯然，尺度的縮小使奈米物質呈現出既不同於宏觀物質也不同於單個孤立原子的奇異特性，在這個科學發現基礎上，奈米技術應運而生。

奈米技術是對 100 奈米以下的物質進行探索和控制的技術，在一定空間內操縱原子和分子，對材料進行加工，製造具有特定功能的器件。事實上，為特定功能而設計的分子一直是現代化學中的一部分，但奈米技術與化學不同，它不僅僅局限於溶液中分子和離子之間的吸引和結合。

也就是說，一旦「自下而上」的具體過程（創建原子級的精確結構）制定出來，那麼新型奈米機械和奈米製備系統的設計將非常類似機械工程──既可以應用於單個小型部件，也可以應用於大型系統。

科技革命為人類的生產和生活提供了新工具──奈米技術則透過奈米尺度的精準操作調控物質的屬性，賦予奈米材料理想的機械、化學、電學、磁學、熱學或光學性能，使這些新型奈米材料在傳統和新興工業製造領域得到廣泛應用。

▋以小博大，奈米技術在產業

現今，奈米技術為物理、材料、化學、能源科學、生命科學、藥理學與毒理學、工程學等七大基礎學科提供了創新推動力，成為變革性產業製造技術的重要源泉。

在醫學領域，奈米技術為醫護人員提供了新的非侵入性奈米藥物，使得一些最難攻克的疾病治療取得了重大進展。這項技術為藥物傳輸和疾病治療提供了新的方式和途徑：借助奈米載體，藥物可以克服人體的生物屏障，透過人為操控直接到達病灶區，在提高局部藥物濃度增強療效的同時也減少了對其他組織的損害，其優勢在癌症治療中展露無遺。奈米醫學正在研究採用高度針對性的非侵入性治療方案，來攻克各種癌症。

這些新的奈米藥物可以使醫療保健大眾化、價格平民化。此外，奈米醫學還可以透過藥物輸送方法、行動診斷、新療法、奈米疫苗、奈米支架、抗

微生物治療、植入物和假體等新臨床應用來改變醫療保健。感測器網路、奈米材料光學器件和 IONT 等領域的技術進步，也可以使醫生甚至患者透過遠端醫療和遠端手術方式清楚掌握診療過程和監測患者的健康狀況。而多發性硬化症、阿茲海默症和帕金森氏症等疾病，可能只需每年進行兩次簡單的注射治療就可見效。

流行病和瘟疫可以使用奈米感測器、新的即時診斷方法和奈米藥物來監測和控制。奈米技術使我們更有能力去面對大規模的健康威脅，目前醫界已開始研究使用奈米技術的相關治療和診斷工具，以防止伊波拉和寨卡等病毒擴散成全球性流行疾病。

相關報告預測，到 2050 年前，過度使用抗生素將成為比癌症更嚴重的健康問題，而奈米技術可以從食物和水中取出諸如抗生素或塑膠等微小顆粒。

在建築領域，含有奈米成分的建築複合材料將產生積極的影響。混凝土和水泥等建築物粘合材料中也可使用不同類型的奈米材料以提高其性能。因為許多奈米材料都具有很高的抗拉強度，可以在施工期間和施工後作為感測器用作壓力錶和應變計，以確保建築物結構合理，解決極端溫度下建築物的承重及老化等問題，拓展城市發展的可持續性。此外，奈米技術能使建築物抵禦惡劣的環境和氣候污染（包括吸收空氣中的二氧化碳），並且讓建築物更容易建造，提升抵抗未來的地震海嘯等天災的能力。

可內置於道路中的奈米感測器和石墨烯電池已經問世，可在管理交通流量和提供交通資料的同時為電動汽車充電，達到時間和能源的最佳利用。目前摻雜了石墨烯的奈米級道路雖然還未普及，但義大利羅馬郊區已經開始了一公里長的道路試驗，該試驗表明，在瀝青中加入少量石墨烯可以提高道路的耐磨性，使用壽命可延長 6 ～ 12 年，還可以抵禦氣候變化。而且利用奈米技術，城市道路標誌可以儲存資料，為未來的智慧城市及公民創造更安全

的交通環境。中國已開始在道路標誌中使用奈米乳膠墨水追蹤全國各地的交通狀況，將大幅改善交通環境、安全和車流量等問題。

奈米材料在工業製造領域的應用對現在及未來也會產生廣泛而深遠的影響。例如，在新能源領域，奈米技術為鋰電池的發展帶來了新機遇：利用奈米技術，傳統鋰電池充放電過程中的安全性（利用矽奈米線或者具有空心殼層結構的 S/ 奈米 TiO2 等）及速度慢（應用碳奈米管等）、電池不穩定（使用超薄二維 BN/ 石墨烯複合材料等）等重大問題得以妥善解決。

實際上，當前針對鋰電池的奈米材料研究已經完善並實現產業化。商業鋰電池的能量密度已達 300Wh/kg，鋰電池動力汽車的續航里程可達 470 公里左右，隨著奈米材料進一步發展、鋰電池性能進一步優化，其能量密度可望達到 500Wh/kg，實現 800 公里的續航目標。

奈米摩擦發電機是奈米技術在機械能發電領域的新應用。利用它可以收集傳統發電機不容易獲取的機械能，例如摩擦能、風能、海浪能、機械振動等。目前已有部分利用奈米摩擦發電機的產品問世，如自供電智慧鞋、摩擦電空氣淨化器等。作為一種全新的綠色能源供給技術，奈米摩擦發電機將為物聯網發展中微能源供應問題提供全新的解決方案，為大尺度的「藍色能源」（海洋能）提供一種全新的技術方案，在全球普及可攜式電子產品的電源供應方面有廣泛的應用前景。利用了奈米技術的奈米摩擦發電機，也有可能引領技術革新、改變人類社會。

在電子資訊產業中，奈米技術的應用將有助於克服以強場效應、量子穿隧效應為代表的物理限制和以功耗、散熱、傳輸延遲為代表的技術限制，製造出以量子效應為基礎的新型奈米器件，推動高 CP 值製備工藝的發展。

而在輕工業領域，人們日常使用的防曬霜，其主要成分是奈米二氧化鈦或氧化鋅，而奈米纖維則用於製造防皺、防沾汙、抗菌的衣物，以及各類體育用品如網球拍、自行車等。

儘管奈米技術是以新興的前沿技術出現，但它離我們卻並不遙遠，它早就存在於我們生活周遭，只不過是以不易察覺的方式。例如，防曬霜通常含有二氧化鈦（TiO2）和氧化鋅（ZnO）的奈米顆粒，兩者都是高度紫外線吸收劑。

顯然，奈米技術可以在微奈米尺度上進行創新，製造出具有高度柔韌性、導電性、耐用性的新材料，所使用的奈米儀器和製備的奈米顆粒亦使科學、工業和日常生活都發生了顯著變化。實際上，奈米技術對人類的影響還遠不止於此。

▎奈米布局帶來奈米思維

奈米技術廣泛的應用未來，使得各國都不斷布局奈米技術的戰略和行動。

2000 年，美國率先發布國家奈米計畫，加強其在展開奈米尺度的科學、工程和技術開發方面的協調。近二十年來，美國除了保持在奈米技術基礎研究、基礎設施持續高度投入以外，更注重發展奈米賦能技術（NEPs），即利用奈米技術開發材料、器件和系統，支撐傳統產業升級和新興產業應用。

此外，世界上幾乎所有的工業化國家都加快了推進奈米技術戰略和研究計畫的步伐，韓國、俄羅斯、中國、越南、以色列等新興工業化國家和發展中國家也紛紛根據本國國情制定了系列奈米發展戰略和計畫。

在中國，2001 年科技部聯合國家多部委發布了《國家奈米科技發展綱要》，成立國家奈米科學技術指導協調委員會，提出加強基礎研究、攻克關鍵技術及培養骨幹人才等任務目標；各部委分別透過國家的「973 計畫」、「863 計畫」等支持奈米新材料和新技術的研發。

2013 年，中國科學院啟動「奈米先導專項」，希望利用奈米技術促進長續航動力鋰電池和奈米綠色印刷等產業技術的變革創新，同時培育和推動一批奈米核心技術在特定能源、環境與健康領域中的應用，解決若干限制國家骨幹產業發展的關鍵技術瓶頸問題，帶動新興產業發展。

2016 年，科技部發布「十三五」國家科技創新規劃，將新型奈米功能材料、奈米光電器件及整合系統、奈米生物醫用材料、奈米藥物、奈米能源材料與器件、奈米環境材料等研發作為重大專項進行研究部署。

在各類專案和計畫的支持下，中國奈米技術的發展態勢良好，已經成為世界奈米技術研發大國，其成就包括：成功研發出 22 奈米及以下積體電路技術研發的工藝平台；建造出世界上第一條真正實現規模化、低成本製備高品質石墨烯的生產線，啟動第一條全自動量產石墨烯有機太陽能光電子器件的生產線；實現 40 奈米、28 奈米系統級晶片工藝的試生產等。

事實上，奈米技術的戰略和行動除了在技術層面影響社會的生產生活，更重要的是，奈米技術還可以衍生到方法論的層面──奈米技術帶來的奈米思維，將從奈米的尺寸、特性、技術等角度去思考重新定位產品的邊界，進而帶來產品升級、產業升級的全新思路和解決方案。

就像網際網路技術帶來網際網路思維改變了傳統產業原有的模式，奈米技術將更深入改變產品的品質和性能。每縮短一奈米的距離，就意味著材料工藝重新選擇、配套系統調整，進而提供一個長期的參考標準。

奈米技術經過數十年的發展已蔚然成風，從奈米技術到奈米思維，人類社會還會不斷實現新的進步。

|3.3| 新能源技術：綠色可持續

「改變燃燒碳基化石燃料的結構為使用可再生新能源的結構；重新認識構成世界的一磚一瓦，將每一處建築轉變成就地收集可再生能源的迷你能量採集器；將氫和其他可儲存能源儲存在建築裡，利用社會全部的基礎設施來儲藏間歇性可再生能源，並保證有持久可依賴的環保能源供應；利用網路通訊科技把電網轉變為智慧通用網路，進而讓上百萬的人可以把周圍建築所產生的電能輸送到電網中去，在開放的環境中實現與他人的資源分享。其工作原理就像資訊在網路上產生和傳播一樣；將汽車、火車等構成的全球運輸模式，改變為以可再生能源為動力的插電式和燃燒電池型運輸工具構成的交通運輸網。在全國和州際建立充電站，人們可以在充電站買賣電能」。

正如美國著名未來學家傑瑞米里夫金所言，可再生能源技術勢必帶領我們走向綠色低碳的工業時代，而發展新能源技術則將會成為實現綠色未來的關鍵。

▌能源轉換已至

儘管現代多以煤炭和石油來定義人類文明的第一次能源和二次能源技術革命，並認為兩次技術革命分別對能源生產和能源消費產生革命性影響，實則不然，草木能源才是人類文明發展的真正起點，是人類絕大部分時間賴以生存的要素，並藉此達到農耕文明的巔峰。

人類文明在發展的最初，就是依賴自然界中可以直接獲取用於消費的物質，例如植物、動物；而原始人類的居住地也是天然的或略經處置就可以遮風避雨的自然場所，如洞穴、草棚。

草木生生不息，但其生長受地域限制且每年生長的數量也有限。這個時代人們逐水草而居，一個村莊或城市需要 30 到 50 倍人群聚落面積的草木以支撐其日常能源消耗。

在草木能源的階段，人類對能源的轉化是極其簡單的。對「火」及自身關係的認識是古人發明的一項重要能源操控技術，從對雷電引起森林或草原野火的恐懼，到學會用火來燒烤獵物以熟食，再懂得用火來禦寒、照明、驅趕野獸，人工取火方法的掌握代表火真正成為被人們利用的能源。

兩百多年前，瓦特發明了蒸汽機，燒煤把水變成蒸汽、蒸汽驅動機器來替代人力做粗重費力的工作，進而啟動了工業革命，以化石為主要能源的紀元自此開始。在化石能源主導的紀元裡，誕生了所謂的第一次能源革命和第二次能源革命。

其中，第一次能源轉型以英國為代表，由煤炭取代了主導地位的薪柴。按照瓦科拉夫斯米爾（Vaclav Smil）的量化標準，英國的能源轉型始於 1550 年，至 1619 年左右完成，歷時約 70 年。

1550 年左右，煤炭在英國能源消費結構中的比重開始超過 5%；到了 1619 年左右，比重超過主導地位的薪柴，完成了煤炭系統的轉型。轉型完成後，隨著經濟發展及工業革命的推進，煤炭的比重還在持續增加，並且在 1938 年達到歷史高峰（97.7%）。

第二次能源轉型則是以美國為代表，石油取而代之站上了世界舞台中心。按照瓦科拉夫斯米爾的量化標準，美國的能源轉型始於 1910 年，於

1950 年完成，歷時僅約 40 年。1950 年，石油在美國能源消費結構中的比重（38.4%）首次超過煤炭（35.5%），成為主導能源。

近幾百年化石燃料的利用和生機蓬勃的科技創新，讓人類享受到空前的繁榮和富足，世界人口規模和人均 GDP 得以迅速成長，人類在不到一個世紀的時間內所創造的生產力，比過去所有時代創造的生產力還要多和大；歸根究底，無論是工業機器、化學、輪船、鐵路、電報等，都需要大規模能源作為基礎和支撐。

對照過去幾十年經濟發展速度與能源供應曲線，說明了現代社會經濟的發展與能源具有極為緊密的關聯性，能源供應的波動必然帶來經濟發展的波動；反過來，經濟發展波動也會造成能源消費的波動。人類離不開能源，能源供應中斷事故造成的破壞性後果，更是直接曝露出人類基本生產生活對於能源的依賴性。

然而，對化石能源的嚴重依賴隱藏著嚴重的危機：首先，化石能源的開採是有限而非無窮盡。雖然地球上還有未曾發現的化石能源蘊藏，但是儲量終究是有限的，如果不能找到合適的替代能源，按照 2018 年的消費速度，全球的化石能源大約再過八十年就會消耗淨盡。其次，大規模開發利用化石能源造成了日益嚴峻的環境問題和氣候問題。目前人們主要以直接燃燒方式利用化石能源，其中所含的硫、氮等排到大氣，形成酸雨等腐蝕性污染物，同時在開發、生產利用過程中排放煙塵等其他污染物，對局部地區的水土、地質等造成破壞和污染。化石能源利用過程中大量排碳，則是大氣溫室效應的主要影響因素。大量碳本來儲存於大地岩層內的化石能源中，在化石能源燃燒過程中以二氧化碳氣體形式排入大氣，急速加快大氣中二氧化碳含量，造成地球大氣層溫度不斷升高的全球暖化現象。種種問題將給地球生態環境帶來嚴重影響，最終對人類的發展和生存造成威脅。

　　因此，可持續性新能源——如太陽能、地熱／海洋熱、自然機械能（風能、潮汐以及其他自然機械能）等，不得不逐漸取代化石燃料，成為支撐社會運轉和人們生活的主力，下一場能源革命也將由此展開。

▌能源轉型猶有困境

　　歐盟 2010 年發布的「能源 2020」計畫選擇了綠色能源之路，日本政府在 2015 年「國家復興戰略」中聲明重新重視核能，美國政府 2014 年發布「全方位能源戰略」、強調占據未來世界能源技術的制高點，印度政府 2015 年宣布大規模發展綠色能源；能源問題在在已升級為世界各國的核心戰略議題。

　　人們從來沒有像今天這樣重視能源，當人們再一次面臨一場能源迭代，也就意味著一個全新的能源時代正加速到來。能源轉型的關鍵，是能夠大規模開發使用新型能源；而所謂新型能源，指的是風電能、太陽能（包括光伏、光熱、熱動力利用方式）、生物質能以及海洋能。

　　想要實現能源轉型，首先需要確保對於能源開發利用在技術和經濟上是可行的。技術上可行，才有能源開發利用的可能；經濟上可行，才能夠得到可持續的推廣應用，且應在計入環境成本等因素的條件下，單位能量的成本在可以承受的範圍內。然而，人類雖然已經意識到能源問題帶來的挑戰，並且積極尋求未來能源供應的解決辦法，只不過，能源技術和能源治理至今都還沒有找到良好的對策。

　　從能源技術來看，還需要面對多重技術困境：在資源蘊藏總量一定的情況下，要增加新型能源的供應能力，唯一途徑是透過先進技術提高能源轉換的效率。對於風電能來講，就是能否改變風電能依靠風輪轉換成電能的技術路線，以突破貝茲理論的轉換效率限制，同時降低風電能轉換設備的製造難

度；對於太陽能光伏利用，就是如何不斷提高太陽能光伏轉換的效率。目前投入商業應用的先進光伏發電的轉換效率大約 25%，理論上，這個效率可以提高到 70% 以上；因此，太陽能轉換效率仍待提高。

並且，新型能源具有間歇性和不可確定性的特點，與連續、可靠、可持續穩定供應能源的要求相互矛盾。因此，在發展新型能源的同時，必須發展配套的能源技術，其中最為重要的是大容量能源儲存技術，以及擁有與新型能源互補或逆向調節特性的能源。

從能源治理看，能源問題並不是一個國家或一個民族的問題，所有國家和民族是緊密相繫的人類命運共同體，而地球上所有生物的命運，將取決於人類的選擇。問題在於，人類雖然意識到這個問題，但是如何摒棄分歧、攜手合作以達成全球統一行動仍是一個難題。

其次，能源在開發、運輸和使用過程中不會對環境、大氣等帶來負的外部效應，只是過程中必然會對外部環境產生影響，這個影響不是正面就是負面但在可接受範圍內，或者可透過技術和管理措施加以修正。

最後，這種能源可以安全地大規模開發利用，進而具備替代傳統能源的能力。從目前能源技術開採的情況來看，除了海洋能主要還是在實驗和小規模建設初步生產，水電能、核能、風能和太陽能等的應用都已經比較成熟，近二十年也取得了很大的發展，但是這幾種能源在能源消費總量中的比重，加起來還是不到 16%，而且沒有任何一種能源的比重超過 10%。

▎建構能源技術體系

能源技術是一個龐大的體系，需要以可再生能源為主體，終端能源以電能為主，多能多網融合互補。就目前而言，縱向可以將能源技術分為煤炭、油氣、核能、水能、風能、太陽能、生物質能、儲能、智慧電網與能源網融合九個領域，橫向則可劃分為創新性技術、前瞻性技術以及顛覆性技術三個層次。

- **煤炭領域**：需專注於煤炭高效燃燒技術、煤電廢物控制技術；終端散煤利用技術、二氧化碳捕集、傳輸和利用技術；磁流體聯合迴圈發電技術。

- **油氣領域**：需專注於全波地震探勘技術、精確導向智慧鑽井技術；智慧完井採油技術；仿生鑽採系統技術。

- **核能領域**：需專注於先進深部鈾資源開發技術；壓水堆優化和規模化推廣利用技術；快堆及四代堆開發利用技術；核燃料迴圈前端和後端技術匹配發展；模組化小堆多功能應用；可控核聚變技術研發。

- **水能領域**：需專注於高水頭大流量水電技術、水電站築壩技術；環境友好型水能利用技術、維護技術；水電站智慧設計、智慧製造、智慧發電和智慧流域綜合技術。

- **風能領域**：需專注於風能資源評估以及監測、大功率風電機組整機設計；風機運維與故障診斷；大功率無線供電的高空風力發電技術。

- **太陽能領域**：需專注於晶矽電池升級、太陽能光熱發電；薄膜電池技術、太陽能製氫技術；可穿戴柔性輕便太陽電池技術。

- **生物質能領域**：需專注於城鄉廢物協同處置與多聯產；生物質功能材料製備；能源植物選種育種以及種植。

- **儲能領域**：需專注於高能量比和安全性的鋰電池技術、高迴圈次數的鉛碳電池技術；液流型鈉硫電池技術；鋰硫電池技術、固態氧化物電解池（SOEC）水電解氫儲能。

- **智慧電網與能源網融合領域**：需專注於提升遠距離供電能力技術、提升高比例新能源消納技術、提升大電網自動化技術；高效能源轉換技術、透明電網／能源網技術；基於功能性材料的智慧裝備、基於生物結構拓撲的智慧裝備、泛在網路與虛擬實境（AR）技術。

各能源領域技術深度融合，燃料轉化系統可實現煤轉氣，煤轉油、生物質製柴油、生物質製天然氣，補充油氣資源。煤炭、天然氣、風力構成多源聯合製熱製冷系統和製氫系統，在風力和光伏充裕時，將電能轉化為其他形式能源。同時，透過煤製氫達到脫碳化和清潔化，將風能、水能、光伏、火力發電及儲能結合，實現能源梯次利用。

能源革命的內在邏輯，就是人類文明發展的需求驅動——原始社會能源主要滿足生存需求；封建社會由於生活品質提高，初級工業生產對於能源的需求量大幅提升；工業革命時代社會文明加快發展，人類對於交通、資訊和文化娛樂的需求提升；到了現代工業，能源的需求量則是達到了前所未有的高度。

隨著高碳能源在開發利用過程中產生廢水、廢氣和廢渣引發一連串生態環境問題，能源生產和消費的生態需求再次進入新的能源發展歷程。無論人類是否願意，這場正在發生的能源更替是大勢所趨，別無選擇。

|3.4| 工業機器人：製造業的今日明珠

機器人，當代的工業之魂。

考察過近代工業製造的發展歷程，就足以理解機器對加工製造業的意義重大。1784 年，蒸汽機的誕生成為第一次工業革命的里程碑，蒸汽機的有效使用製造出新一代的蒸汽動力引擎，帶動了第一次工業革命。結合了工、技、貿的「科技化＋工業化」，奠定了工業時代成功的基礎。

同樣地，今天科技化與工業化的結合也會促進新工業時代的發展。在以資訊化、數位化為特徵的新興技術當中，工業機器人的力量也不可小覷。

▌工業機器人的最大貢獻是改善生產力

工業機器人是以工業為導向的多關節機械臂或多自由度的機器裝置，能夠自動執行工作。機器人依賴本身動力和控制能力來完成各種功能，可以受人類指揮，也可以按照預先編排的程式執行，還可以根據人工智慧技術制定的原則行動。

從古至今，人類一直在研究減少工作量的方法，設法在不影響品質的前提下高效完成工作。早在三千多年前的西周時代，中國就出現了能歌善舞的傀儡（木偶），稱為「倡者」，這可能也是世界上最早的「機器人」概念。

近代以來，伴隨著第一次、第二次工業革命各種機械裝置的發明與應用，工業機器人呼之欲出。二十世紀 50、60 年代，機構理論和伺服理論的發展讓機器人進入了使用階段：1960 年，美國 AMF 公司生產了柱坐標型Versatran 機器人，可進行點位和軌跡控制，成為世界上第一種用於工業生產的機器人。

到了 70 年代，電腦技術、現代控制技術、傳感技術、人工智慧技術的發展，致使工業機器人也跟著迅速發展；這段時期的機器人具有記憶、儲存能力，按照相應程式重複作業，但對周圍環境基本上沒有感知與回饋控制能力，被稱為第一代機器人。

時序進入 80 年代，隨著傳感技術──包括視覺感測器、非視覺感測器（力覺、觸覺、接近覺等）以及資訊處理技術的發展，有感覺的第二代機器人應技術而生，它們已經能夠獲得作業環境和作業物件的部分相關資訊進行一定程度的即時處理，引導機器人進行作業。

第三代機器人也就是目前的「智慧型機器人」。智慧型機器人不僅具有比第二代機器人更加完善的環境感知能力，而且具有邏輯思維、判斷和決策能力，可根據作業要求與環境資訊自主進行工作，是智慧製造的重要組成部分，更是實現智慧生產和打造智慧工廠的重要利器。

工業機器人是智慧製造的關鍵環節。對於工業機器人來說，能夠協助解決製造過程中的問題是首先要考慮的；或者說，如同過去任何一次工業革命中機器擔任提高生產率的角色，工業機器人最大的貢獻在於改善製造業的生產力，而不是機器人本身的獲利。

工業機器人的智慧部分可以用「代理」的角度去看──任務分配至控制系統的底層進行處理，加上感測器、視覺影像、邏輯控制與通訊共同協作而達成底層（或稱為核心層）精簡有效的控制系統。系統裡眾多的「代理」相互溝通，進而產生了一個集體智慧。

這個集體智慧可以應用在各式各樣的生產活動中，可以在不同的單品生產線中，也可以在不同的生產規模中，包括使用在一些柔性生產線上。將工業機器人應用到工業生產線上不僅可以提高生產效率，還可以改善工作環

境；在保證勞工生命安全的同時，也能夠減少原材料損耗，從源頭降低了工業成本。

德國首先於 2011 年提出以智慧製造為核心的「工業 4.0」戰略，之後，以智慧化作為旗幟的第四代工業革命就在全球蓬勃展開。其中，作為工業化和資訊化完美結合的工業機器人，以其天然的數位化特性，打通了單個生產設備到整個生產網路的連接，進而支撐起第四次工業革命豐富多彩的應用場景。

如果說過去二十年網際網路的發展將每個人連結起來，那麼未來二十年工業網際網路的發展將會聯結每一台工業機器人，帶來生產效率乃至生產方式的全面革新。

▍讓「製造」走向「智造」

工業機器人按照不同的分類方式可以分為多種，按機械結構可分為串聯型機器人和並聯型機器人。串聯機器人一個軸的運動會改變另一個軸的坐標原點，例如六關節機器人。串聯機器人研究得較為成熟，具有結構簡單、成本低、控制簡單、運動空間大等優點，目前已成功應用於多種領域——如各種機床，裝配車間等。

並聯機器人可以定義為動平台和定平台透過至少兩個獨立的運動鏈相連接，機構具有兩個或兩個以上自由度，以並聯方式驅動的一種閉環機構，一般以三軸最為常見；其特色為無累積誤差、精度較高，驅動裝置可置於定平台上或接近定平台的位置，這樣運動部分重量輕、速度高、動態回應好。

在生產線上，並聯機器人一般用於輕小物件的分揀、搬運、裝箱、貼標、檢測等工作，廣泛應用於食品、製藥、電子、日化等產業。並聯機器人

問世之初的應用對象主要是大型鮮乳產業以及液體袋裝藥和藥片的藥品廠，大多負載都在 3kg 以下。後續的成長主要來自乳製品企業以外的食品業，如糖果、巧克力、月餅等食品生產企業，以及醫藥、3C 電子、印刷和其他輕工業。

按操作極坐標形式分類，可分為圓柱坐標型機器人、球坐標型機器人、多關節型機器人、平面關節型機器人等；其中，關節機器人也稱為關節機械手臂，是當今工業領域中最常見的工業機器人形態之一，適合用於機械自動化作業。根據軸數的不同也分為多種，目前應用較多的是四軸和六軸機器人，其中，六軸機器人擁有六個可以自由旋轉的關節，提供的自由度可以使其在三維空間中自由活動，模擬所有人類手臂能夠做到的動作，通用性極高，應用也最廣泛，但同時控制難度最高，因而價格最為昂貴。

搭配不同的末端執行器，多關節機器人可以展現不同的功能，較高的自由度可以讓多關節機器人靈活繞開目標進行作業，適用於搬運、裝配、焊接、打磨拋光、噴塗、點膠等幾乎所有的製造工藝。

按照程式輸入方式分類，則可分為程式設計輸入型和示教輸入型機器人等。程式設計輸入型是將電腦上已編寫好的作業程式檔，透過 RS232 序列埠或乙太網等通訊方式傳送到機器人控制櫃，這種可隨其工作環境變化需要再程式設計的工業機器人，在小批量多種類具有均衡高效率的柔性製造過程中發揮良好的功用，是柔性製造系統（FMS）中一個重要組成部分。

示教輸入程式的工業機器人稱為示教再現型工業機器人，其示教方法包括兩種：一種是由操作者用手動控制器（示教操縱盒）將指令訊號傳給驅動系統，使執行機構按照要求的動作順序和運動軌跡操演一遍；另一種是由操作者直接驅動執行機構，按要求的動作順序和運動軌跡操演一遍。在示教過程的同時，工作程式的資訊即自動存入程式記憶體中，控制系統從程式記憶

體中檢出相應資訊，將指令訊號傳給驅動機構，使執行機構再現示教的各種動作。

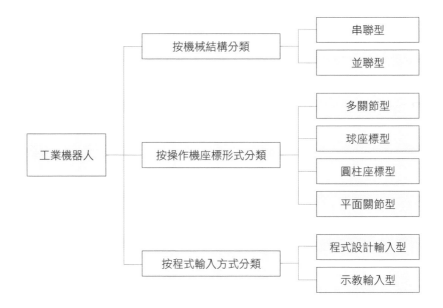

數據來源：博立斯工業機器人，東莞證券研究所。

當然，只有機器人本體是不能完成任何工作的，還需要透過系統整合之後才能為終端客戶所用。因此，在注塑、衝壓、打磨、噴塗、裝配、焊接、精雕、壓鑄、組裝、上下料等製造領域，分別採用不同的系統整合解決方案，並形成了焊接機器人、上下料機器人、噴塗機器人、裝配機器人等適用於不同應用領域的工業機器人。

焊接機器人是在工業機器人的末軸法蘭裝接焊鉗或焊（割）槍的，使之能進行焊接、切割或熱噴塗。這種機器人具有諸多優點，包括穩定和提高焊接品質，並且能將焊接品質以數值的形式反映出來；改善工人勞動強度；可在有害環境下工作；降低對工人操作技術的要求。

　　上下料機器人能滿足快速／大量加工節奏、節省人力成本、提高生產效率等要求，因此成為愈來愈多工廠的理想選擇。該系統具有高效率和高穩定性，結構簡單更易於維護，可滿足不同種類產品的生產需求；使用者可以快速進行產品結構的調整和擴大產能，也大大降低工人的勞動強度。

　　噴塗機器人又叫噴漆機器人，是可進行自動噴漆或噴塗其他塗料的工業機器人，一般採用液壓驅動，具有動作速度快、防爆性能好等優點，可透過手把手示教或點位示教來進行，廣泛用於汽車、儀錶、電器、搪瓷等工藝生產部門。

　　裝配機器人是柔性自動化裝配系統的核心設備，由機器人操作機、控制器、末端執行器和傳感系統組成；主要用於各種電器製造、小型電機、汽車及部件、電腦、玩具、機電產品及其元件的裝配等。

　　工業機器人廣泛應用於電子電氣、汽車、橡膠及塑膠工業、食品飲料、化工、鑄造、冶金等各行各業中，系統整合市場空間巨大，競爭也日益激烈。

- **電子電氣產業：** 在手機生產領域，分揀裝箱、撕膜系統、鐳射塑膠焊接、高速四軸碼垛機器人等適用於觸控式螢幕檢測、擦洗、貼膜等一系列流程的自動化系統應用。這類機器人根據電子生產行業需求而特製，小型化、簡單化的特性達到電子組裝高精度、高效的生產，滿足了電子組裝加工設備日益精細化的需求，而自動化加工更是大大提升生產效益。

- **汽車產業：** 在汽車車身生產中，有大量壓鑄、焊接、檢測、衝壓、噴塗等應用，需要由工業機器人參與完成，特別是在汽車焊接過程的應用普及化，大大提高了車間的自動化水準。在汽車鍛造車間、衝壓車間、發動機車間、塗裝車間等也會使用到更多的工業機器人。

■ **橡膠及塑膠工業**：塑膠原材料透過注塑機和工具被加工成精細耐用的成品或半成品，這個過程經常需要工業機器人參與製造。它們不僅能在淨室環境標準下作業，也可在注塑機旁完成高強度作業，因此可以有效提高各種工藝的經濟效益，其快速、高效、靈活、結實耐用及承重力強等優點，也確保了塑膠企業在市場中的競爭優勢。

■ **鑄造產業**：鑄造作業過程中環境較差，工業機器人替代人工具有更大的意義。機器人以其模組化的結構設計、靈活的控制系統、專用的應用軟體，能夠滿足鑄造業整個自動化應用領域的最高要求，不僅防水，而且耐髒、抗熱。這種機器人可以直接在注塑機旁、內部和上方進行取出工件作業，還可將工藝單元和生產單元牢牢連接起來。

工業機器人國際之局

中國合肥工業大學機械工程學院院長訾斌在 CAIRDC2021 中國人工智慧與機器人開發者大會上表示，「製造業是一個國家工業發展的基石，而機器人被譽為『製造業皇冠頂端的明珠』，其研發、製造、應用是衡量一個國家創新能力與高端製造業水準的重要標誌。」

自二十世紀 50 年代末世界上第一台機器人誕生以來，工業發達國家已經建立起完善的工業機器人產業體系，掌握了核心技術與產品應用，出現工業機器人四大家族 —— 瑞士 ABB、德國庫卡（KUKA）、日本發那科（FANUC）、日本安川（YASKAWA）。

美國：工業機器人起源之地

美國是工業機器人的誕生地，採用整合應用的發展模式，在全球採購工業機器人主機及成套設計的配套設備—— 由工程公司進口、進行整合生產線的設計、周邊設備的研發與整合調試應用。

1954 年，美國發明家 George Devol 首次申請了工業機器人專利。1956 年 George Devol 和物理學家 Joseph Engelberger 成立了世界上第一家機器人公司 Unimation，並於 1959 年開發出世界第一台工業機器人，命名為 Unimate。

1960 年，Harry Johnson 和 Veliko Milenkovic 成立的美國機械與鑄造公司（AMF）製造出世界上第一台圓柱坐標型工業機器人 Verstran。1961 年，Unimate 1900 系列成為第一批量產的工業機器人，並在通用汽車（GM）位於紐澤西州的工廠完成了安裝，主要應用於門窗把手、照明設備、排檔桿等車載硬體的製造。1962 年，AMF 將六台 Verstran 機器人安裝在美國坎頓的福特汽車工廠。

Unimate 與 Verstran 被認為是世界上最早的工業機器人，其出現意味著機器人的正式誕生，此後的機器人生產研究也多以這兩種產品為基礎。

在工業機器人誕生後的近二十年中，雖然技術的革新與發展非常迅速，但市場上的能見度依舊不高。60 年代，工業機器人的製造商與下游客戶屈指可數，到了 1969 年，工業機器人的全球年度銷售額也僅有 1.5 億美元。由於公司戰略的問題，Unimation 當時雖然控制著近八成的美國工業機器人市場，但卻是一直到 1975 年才開始獲利。

70 年代後期，美國政治界和工業界才開始關注機器人的應用，但在技術路線上更側重於軍事、宇宙、海洋、核工程等特殊領域，導致更重視機器人應用的日本後來居上，在工業機器人生產及應用方面快速超越美國，並形成了完整的產業鏈。

進入 80 年代後，美國政府開始透過政策來刺激工業機器人產業的發展及應用，一方面鼓勵工業界對機器人的研究與應用，另一方面也提高了研究經費，美國的機器人產業遂因此迎來第二個發展高潮，機器人數量從 1980

年的 3,500 台左右快速增加至 1985 年的 20,000 台（期間複合年平均成長率為 41%）。80 年代中後期，隨著美國本土廠商在機器人的應用技術臻於成熟，機器人廠商開始研究並生產帶有視覺、力覺等感知系統的第二代機器人，並很快占據了美國工業機器人 60% 的市佔率，重回產業前段班之列。

目前，美國工業機器人的發展仍在穩健上升。隨著機器人創新研究、人機協作發展等技術逐漸應用，2018 年美國國內工業機器人銷量達到 4.03 萬台，同比成長 21.6%；2019 年美國國內工業機器人銷量 3.33 萬台，同比下降 17.5%，十年期間的複合年平均成長率達到 17.16%。

日本：工業機器人王國

日本工業機器人技術源於美國，後來以「工業機器人王國」著稱。日本的工業機器人產業鏈最齊全，產業規模與實力位居全球之首，擁有發那科、安川電機、川崎重工等具有國際影響力的工業機器人供應商，核心零部件製造商如納博特斯克（Nabtesco）更是在全球處於壟斷地位。

日本採用完善的工業機器人產業鏈分工進行發展模式，不斷開發新型工業機器人和批量生產工業機器人產品；針對不同行業的具體工藝與需求，由應用工程整合公司展開工業機器人生產線成套系統的整合應用。日本工業機器人產業地位長期穩固，全球市占率維持在 60% 左右的水準，更曾經一度超過 90%！

深入探究，日本文化、汽車工業需求、勞動力不足、積極產業政策等多重因素成就了日本工業機器人產業的發展。

長期以來，日本都面臨勞動力缺乏的問題，對高產能、自動化的工業機器人需求較高，因而更關注工業機器人的實際應用技術。1967 年，日本川

崎重工業公司率先從美國引進工業機器人技術，政府與企業隨即將開發機器人視作第一要務，自 70 年代起大力推動相關技術與應用的研發與推廣。不久，日本便快速超越美國，在工業機器人方面長期穩坐世界第一。

從政策層面看，日本政府長期致力於促進機器人產業的發展，自 70 年代起就制定了一系列政策來扶持產業發展。日本政府於 1971 年頒布《機電法》、《機械工業促進法》等，並將原工業機器人協會重組為日本工業機器人協會（JIRA），推動機器人製造業的發展；於 1978 年頒布《機情法》；於 1980 年頒布《財政投融資租賃制度》及《中小企業設備現代化貸款制度和設備借貸制度》，以租賃方式向中小企業普及機器人；於 1984 年頒布《FMS 機器租賃制度》等政策並制定了《機電一體化稅制》；於 1985 年制定了《高技術稅制》、《促進基礎設施開發稅制》、《關於加強中小企業技術基礎稅制》等，推行傾斜減稅、鼓勵領先技術發展，並設立了國際機器人FA 技術中心；於 1991 年通產省工業技術院啟動大型研發專案微機器技術研究開發項目等。

近年來，日本的機器人發展依然持續不斷，政府對這方面的支持力度一如往昔，甚至還有加大的趨勢。受全球經濟萎靡導致國際市場需求下滑的影響，2019 年日本機器人產量同比下降 19.5% 至 173,477 台，銷量同比下降 18.35% 至 175,702 台。但隨著市場回暖，2020 年上半年產量同比上升 6% 達到 88,856 台，銷量同比也上升 6.62% 到 91,298 台。

▎歐洲：以德國為主角

歐洲是全球工業機器人的主角之一，已實現感測器、控制器、精密減速機等核心零部件完全自主化。德國 KUKA、瑞士 ABB、義大利 COMAU、英國 AutoTech Robotics 都是世界頂級工業機器人製造公司。歐洲採用為用戶提供一系列系統整合解決方案的模式，工業機器人製造商承擔和完成工業

機器人的生產、應用工藝的系統設計與整合調試。其中，德國擁有歐洲最大的市場，並且，德國機器人在人機交互、機器視覺、機器互連等領域處於全球領先地位。

從德國機器人的發展來看，德國引進工業機器人的時間比英國和瑞典晚了五、六年，1971 年機器人數量不到 50 台，到 1972 年也還沒有建立製造機器人的工廠。為促進工業機器人的研製與應用，德國政府在 70 年代提出了《改善勞動條件計畫》，規定危險、有毒、有害的崗位必須以機器人來替代人力。機器人不僅可以大幅降低生產成本，還可以提高產品製造精度和品質，為強大的德國製造品牌背書。

德國的第一條機器人自動焊接生產線在 1971 年誕生，用於 Daimler-Benz 汽車側板加工，使用的是美國 Unimation 公司的五軸機器人。有鑒於汽車工業對高可靠性能機器人的需求，德國庫卡公司在 1973 年研製開發了第一台庫卡工業機器人；從 80 年代開始，德國在汽車、電子等產業大量使用工業機器人。

2004 年德國政府與各州訂立《研究與創新協議》，要求國內四大研究協會（即馬普學會、亥姆霍茲聯合會、弗勞恩霍夫協會、萊布尼茲科學聯合會）的研發開支必須維持每年至少 3% 的成長率，這為機器人產業培養了大量人才，也促進了機器人技術的持續發展。

2010 年，德國政府提出《德國 2020 高技術戰略》，對機器人產業進行了戰略規劃，並隨後於 2013 年推行工業 4.0 戰略，率先將工業劃分為四個階段，指明智慧化趨勢。智慧化趨勢的物理實體就是機器人，透過機器人、機器設備、人機協作等方式提高生產過程的智慧性。

經歷多年發展，德國的 SEW、FLENDER 等企業已成為世界知名的減速器品牌。其中，德國庫卡公司在汽車領域的工業機器人應用長期在全球市

場中名列前茅，其他知名的德國機器人整合企業還包括 REIS、DURR 等。2019 年，德國市場工業機器人銷量達到 2.05 萬台，全球占比 4.85%，是全球第五大市場。

▌韓國：走向二十一世紀發展高潮

韓國工業機器人的起步略晚於美國、日本和德國，其主要透過引進日本發那科技術開始研發工業機器人，出現了現代重工與三星雙雄。

2010 年韓國工業機器人銷量一度超越日本成為世界第一，並一直保持工業機器人使用密度世界第一的水準。韓國計畫從 2019 年至 2023 年的五年內供應 70 萬台以上機器人。

自現代重工從日本發那科引進技術後，韓國便開始研發工業機器人。最早於 1978 年引入焊接機器人，主要用於汽車製造業，此後產業學術界就在沒有政府支援的情況下開始了自發性的技術研究。一直到 80 年代末，韓國政府才開始推出積極的研發政策來扶持機器人產業的發展，後來受到 1997 年亞洲金融危機的衝擊，政府資助及研發在接下來數年內幾乎完全停滯。

2002 年，伴隨著智慧型機器人出現，韓國產業通商資源部（MOTIE）、科學技術情報通訊部（MSIT）等部門才又重新啟動對機器人產業的扶持，增加相關的資助並做出規劃。

2003 年 8 月，韓國產業通商資源部將智慧服務機器人納入重點發展的十大產業之一，並加大力度培養機器人產業相關人才。此時，韓國的主要著眼點依舊是家庭機器人與個人機器人。在 2002 年至 2007 年這六年間，韓國政府在技術發展及市場開拓方面投入巨額資金，總計投入約 4,865 億韓元，其中約 4,202 億韓元用於研發，95 億韓元用於提振市場需求，共計資助的項目達 1,259 項。

2008 年，韓國政府頒布《智慧型機器人開發和普及促進法》，從法律層面將機器人列為國家級戰略產業，並制定了機器人發展的基本計畫。

2012 年，韓國知識經濟部發布《機器人未來戰略 2022》，計畫為發展機器人產業進行 3,500 億韓元的投資，其目標為將韓國機器人產業發展至世界前三，其中，工業機器人為主要發展方向——該政策聚焦於將工業機器人進行智慧化升級，成為支柱型產業，並與其他產業有機融合。

為落實《機器人未來戰略 2022》，韓國知識經濟部在 2013 年啟動《第二次智慧型機器人行動計畫（2014 ～ 2018 年）》，制定了未來五年機器人產值、出口額、全球市場佔有率的發展目標。直到 2016 年，韓國工業機器人生產商已占全球市場的 5%。

在政策支持下，韓國工業機器人產業在 2000 年後進入高速成長期。2001 ～ 2011 年期間，韓國機器人裝機總量年均增速高達 11.7%。其工業機器人使用密度不斷增加，自給率也不斷提高。2019 年，韓國在國內的機器人銷量達到 2.79 萬台，過去十年的複合年平均成長率達到 13.53%。

中國：景氣上行，機遇大於挑戰

對於中國來說，工業機器人的發展浪頭正強大。中國工業機器人在 2010 年以後進入高速成長期，表現出增長速度下跌而銷量上升、及 3 ～ 4 年維度的週期性特徵，與日本機械訂單資料的規律相似。目前中國工業機器人觸底反彈趨勢明顯，進入新一輪景氣復甦的上升渠道，可望延續至 2022 ～ 2023 年。

中國工業和資訊化部發布的《2020 年 1 ～ 12 月機器人產業運行情況》顯示，2020 年累計生產工業機器人 23.7 萬套，同比成長 19.1%，創下中國

工業機器人單一年產量最高紀錄；根據中國國家統計局發布的消息，2021年1～2月份全國規模以上工業企業的工業機器人產量4.54萬套，同比成長117.6%，創下歷年同期新高。中國製造正朝「中國智造」升級中，機器人扮演著愈來愈重要的角色。

工業機器人得以發展，根本上是由於技術進步規模效應帶動工業機器人價格下降。工業機器人發展的初期階段，高昂的價格一度是阻礙眾多中小企業購置設備、建設智慧化生產線的主要因素。隨著國產工業機器人帶來的市場衝擊，製造技術進步加上製造成本迅速降低，近幾年價格呈現出明顯的下降趨勢。

以中國進出口價格和全球價格為例，中國進口機器人平均價格從2009年每台3.00萬美元下降到2016年每台1.68萬美元，複合年平均成長率為-7.9%；出口平均價格從2011年每台2.93萬美元下降到2016年每台0.52萬美元，複合年平均成長率為-29.3%；全球工業機器人平均價格從2009年每台6.33萬美元下降到2016年每台4.45萬美元，複合年平均成長率為-4.9%。

此外，製造業方面的人力成本不斷提高，對勞動密集型產業造成明顯衝擊，企業為壓縮成本轉而投向更經濟的生產模式，機器取代人力遂成為大勢所趨。中國經濟的高速發展，使得製造業從業人員一年平均薪資從2009年的2.68萬元成長至2017年的6.45萬元，年複合成長率（compound annual growth rate, GAGR）是11.59%。

同時，適齡勞動人口下降，人口紅利消失迫使產業倒退。從人口結構上看，中國15～64歲人口比例從2010年的74.50%高點開始下降，到2017年僅為71.82%；從人口自然成長率看，近15年低位穩定處於5%左右，這代表未來中國適齡勞動人口比例仍然較低，是故對產業自動化發展有迫切需求。

當然，工業機器人的高速發展也離不開政策的驅動。在中國，工業機器人的發展最早可追溯到科技部的 863 專案，對機器人相關技術研發給予扶持。2006 年 2 月，國務院印發了《國家中長期科學和技術發展規劃綱要（2006 ～ 2020 年）》，智慧型機器人首次被納入前沿技術中的先進製造技術。2015 年，在《中國製造 2025》戰略實施之後，各級地方政府積極落實地區規劃政策，中國工業機器人產業也迎來了迅速發展的榮景。

機器人取代人工生產是製造業重要的發展趨勢，是智慧製造的基礎，也是未來實現工業自動化、數位化、智慧化的保障。雖然目前中國工業機器人在製造和工業設施領域的應用變革趨勢強勁，但不管從製造業方面或應用方面來看，中國工業機器人與發達國家之間依然存在較大差距。

從製造方面來看，工業機器人是沿著把自動化作為底層技術，再走向數位化、網路化、智慧化發展的脈絡，愈是往上走，愈是需要晶片、軟體和演算法的助力。即便自 2010 年起中國的製造業產值已經超過美國，規模發展水準較高，但品質效益並不高，仍然有很大的提升空間。

時下，發達國家的工業機器人製造已經進入智慧階段，而中國還處於入門階段。根據中國《第一財經》報導，國產工業機器人憑藉 CP 值、管道等優勢，已經占據國內很多細分領域的大部分市場，但在關鍵技術、材料、零部件等方面還是跟國際先進水準有一定差距。

中國新安裝的機器人有 71% 的零部件源於國外，國產化比例不到 30%。其中，在上游最重要的三大零部件——減速器、伺服電機和控制器中，國產化比例分別為 30%、22%、35% 左右，相對較低，在產品精度、穩定性等方面有很大的成長空間。

同時，中國工業機器人同質化現象十分嚴重。現階段，很多工業機器人品牌的產品在性能、外觀、技術甚至行銷手段上都是相互模仿，就連各個廠

商研發產品的核心技術和生產目的都一樣，市場上幾乎沒有什麼表現突出、具有一定競爭力的機器人產品。

在應用方面，發達國家的工業機器人已經有一套完整的設備應用在工業生產線上，運用技巧十分熟練，甚至不需要配備專門的工業機器人操作員，就可以讓工業機器人完成作業程序，而中國的工業機器人需要配備專門的技術操作員來輔助完成操作。

日本在十九世紀 20 年代工業機器人就已經十分普及，但中國到目前為止發展仍屬初階，面臨著向高端轉變、承接國際先進製造及國際分工等重大挑戰。

工業機器人的不斷創新對從業人員提出了更高的要求，而該領域人才供需失衡的矛盾正日益突顯。在製造方面，伺服電機、控制器、減速器成為限制中國工業機器人產業的主要瓶頸，而中國這方面的技術人才極為匱乏；在應用方面，操作維護、系統安裝調試、系統整合等工業機器人應用人才缺口很大。

|3.5| 資訊技術：攪動傳統製造

資訊產業是國民經濟的基礎、先導和戰略產業，資訊技術的勃興重塑了世界，成為經濟成長的倍增器和產業升級的助推器，在資訊化與工業化的兩化融合中占據十分重要的戰略地位。不論是協同製造、3D 列印為代表的智慧工業，還是智慧設計、智慧製造、智慧運營、智慧管理、智慧產品為特徵的先進製造，都離不開資訊產業所發揮的戰略支撐作用。

　　兩化融合帶來一加一大於二的經濟效應，資訊技術為製造業帶來了先進技術、理念和管理模式。資訊技術與製造業生產中所涉及的各環節相融合，有助於提升製造業的產品設計、裝備、管理、行銷，合理利用勞動力、技術和資源，減少對資源和環境的浪費，改變原有的消費需求和產品結構。透過資訊化對各環節的影響來實現製造業整體的技術效率改進，將實際產出向生產可能性曲線靠攏，進而推動製造業過程資訊化。

集群資訊技術

　　資訊技術（information technology, IT），管理和處理資訊所採用的各種技術集合。資訊技術主要透過應用電腦科學和通訊技術來設計、開發、安裝和實施資訊系統及應用軟體，包括工業軟體、雲端運算、物聯網和行動網際網路等。

工業軟體

　　工業軟體專用於或主要用於工業製造，為企業產品研發、生產經營管理、供應鏈協同以及裝備和產品智慧化提供技術和知識支撐。工業軟體存在於工業領域的各個要素和環節之中，與業務流程、工業產品、工業裝備密切結合，全面支撐研發設計、生產製造、經營管理等各項工業活動，是資訊化與工業化的融合劑。工業軟體作為兩化融合的切入點、突破口和重要抓手，對於推進中國工業轉型升級、保持經濟平穩較快發展具有重大意義。

　　工業軟體的作用主要體現在產品設計研發的數位支撐、企業經營的精細化管理和決策支援、製造過程的自動化控制和數位製造、裝置級的嵌入式晶片及軟體的智慧化價值提升，以及企業內外部和產業上下游的整合協同。工

業軟體可以提高產品價值、提高勞動生產率、提供精細化管理、降低生產成本、提高企業的核心競爭力，並成為現代工業裝備和產品的核心。

工業軟體在兩化融合中扮演著極為重要的角色。工業軟體是工業軟優勢的體現，透過讓傳統工業機械化、電氣化、自動化的生產裝備具備數位化、智慧化、網路化特徵的核心技術，為企業建立產品導向全生命週期的網路化、協同化、開放式的產品設計和製造平台，可以在工業化的硬優勢基礎上形成資訊化的軟優勢。

▎雲端運算

雲端的概念運用到網際網路，描述未來網際網路的形態和實質，指的是全球電腦硬體和軟體包括伺服器、終端設備和入網資料線，根據使用者的需求迅速有效地整合連接，使用戶能夠要風得風、要雨得雨，而且是超低價或者免費的。

最早提出雲端運算概念的，有據可查的是昇陽電腦（Sun Microsystems）創辦人暨執行長麥克里尼（Scott McNealy），他在二十世紀 90 年代提出了「網路即電腦」、網路無處不在的概念。之後二十多年，包括 Sun 的技術團隊、IT 和網際網路業界都在探索和實踐為使用者提供成本更低、操作更簡便、資料更安全的開放性基礎架構服務平台。

2010 年 5 月 21 日，在第二屆中國雲端運算大會上，鴻蒙集團董事長鄭世寶發表了《從生命看雲端運算，整體論對還原論》演講，將雲端運算融入東方科學和哲學思想的範疇。他以整體論和系統論的觀點，用中國人的慧性思維定義了雲端運算：雲端運算是以應用為目的，透過網際網路將必要的大量硬體和軟體按照一定的結構體系連接起來，並隨應用需求的變化而不斷調整結構體系建立起內耗最小、功效最大的虛擬資源服務中心。

簡言之，雲端運算就是把跟網際網路相關聯的有形和無形資源串聯起來形成一個平台，使用者們按照規則在上面做自己想做的事情；這也意味著，計算將轉變為一種服務。透過網際網路，遠端大量的計算能力也能為本地所用；文件、電子郵件和其他資料都會儲存在網路上，更精確地說，是「存在雲端上」。

新的方法做了重大的承諾。對於企業來說，透過以雲端運算為基礎的電郵、會計及客戶追蹤系統，公司能夠減少複雜性和維護的費用，因為所有東西都在一個網頁瀏覽器上運作。企業不再在「孤島」中生存，在雲端運算平台，透過 SEO 搜尋引擎優化技術放大經營者有價值的資訊，資訊體在開放的雲端平台上自由平等展示，讓客戶能夠透過網際網路快速找到企業，雲端運算服務的供應商也能夠透過規模效應獲得利潤。

此外，雲端運算平台能夠對社會公共資訊資源進行社群管理劃分，打破少數利益集團獨享的局面。龐大的社群網站運營商擁有該社群的公共資訊資源，可以透過資訊資源的轉換獲得經濟利益。

物聯網

從 PC 網際網路、行動網際網路到物聯網，歷次資訊革命浪潮都指向同一個關鍵字——連接。如果網際網路帶來的是「人與人」、「人與資訊」的連接，那麼物聯網則更進一步實現了「人與物」、「物與物」的全面連接。物聯網的發展也經歷了漫長的導入期、沉澱期和驗證期。

2008 年第一屆國際物聯網大會舉行，物聯網設備數量首度超過人口數量。在物聯網導入階段，其特點主要表現在物聯網相關概念的導入和早期物聯網設備的連接。2013 年 Google Glass 的發布使得物聯網和可穿戴技術發

生革命性進步；2016 年，左右物聯網產業生態各種要素已具備。物聯網沉澱時期表現在傳感、通訊等技術試錯與沉澱。

物聯網產業鏈上的各種要素完善後，國民經濟產業變革的規模效應就展現出來；2018 ～ 2019 年是市場對物聯網技術方案落地驗證的開啟時期。在物聯網驗證期，技術、政策和產業巨頭的推動對於物聯網產業的發展依然重要，但不可忽視的是，市場需求因素的影響正逐漸增強。

自從凱文愛斯頓（Kevin Ashton）在 1999 年提出「物聯網」一詞以來，物聯網已從雛形初現逐步發展為牽動全球經濟成長的新引擎，新的技術浪潮開啟了通往新時代的大門，也為這個時代奠定它特有的基調。

雖然從連接的物件來看，物聯網只是加入各種「物」，但它對連接內涵的拓展和昇華帶來極其深遠的影響。物聯網不再是以「人」為單一連接的中心，物與物無需人的操控即可實現自主連接，在某種程度上確保了傳遞內容的客觀性、即時性和全面性。此外，物聯網將實體世界的每一縷脈動都連接到網路上，打造了一個虛擬（資訊、資料、流程）和實體（人、機器、商品）之間相互映射、緊密耦合的系統。物理實體在虛擬世界建立了自身的數位學生，使其狀態變得可追溯、可分析和可預測。

在物聯網環境，一方面萬物皆為入口，除了使用者主動交互產生的資料外，使用者的許多被動資料也被即時無感地記錄下來，企業因此可以全面、立體、動態地了解使用者需求；另一方面，物聯網時代的智慧工廠可以透過柔性生產線、透明供應鏈等模式快速滿足使用者不斷迭代的定製化需求。

與行動網際網路大約 50 億的設備接入量相比，物聯網的連接規模將擴大至少一個量級，所涉及的領域涵蓋可穿戴設備、智慧家居、自動駕駛汽車、互連工廠和智慧城市的一切。未來的物聯網時代，入網的設備將更加智慧、資料應用將更加豐富，而不僅限於目前簡單的物品狀態和位置資訊。物

聯網引領的這波新浪潮將從根本上改變我們習以為常的生活方式，也將重構全球產業經濟的格局。

▍行動網際網路

行動網際網路依賴電子資訊技術的發展，將網路技術與行動通訊技術結合在一起，而無線通訊技術又能夠利用用戶端的智慧化獲取各項網路資訊，因此，行動網際網路也作為一種新型業務模式存在，涉及到應用、軟體與終端的各項內容。

行動網際網路為資訊技術及其產業發展「開疆拓土」，不斷孕育顛覆傳統的新業態、新市場、新規則和新觀念，同時悄然改變資訊技術體系中核心要素間的配置關係，培育了諸如雲端運算、大數據、物聯網等新一代資訊技術和相關產業，是資訊技術中正在發生、且仍將繼續產生顛覆性創新的重要領域。

行動網際網路技術先後經歷了以 2G 和 WAP 應用為主的萌芽期、以 3G 網路和智慧手機為主的培育期和高速成長期，目前已進入以 4G 網路建設為主、5G 網路牽引的全面發展期。行動購物、行動遊戲、行動廣告、行動支付、行動搜尋、行動醫療、產業網際網路等行動網路平台服務、資訊服務等領域不斷湧現的業態創新，將推動行動網際網路產業走向應用和服務深化發展階段。

第五代行動通訊技術（5th generation mobile networks 或 5th generation wireless systems, 5G）已成為現在和未來全球業界的焦點，將引領行動網際網路進入新時代。5G 是一個嶄新、顛覆性的起點，將滿足全球對整個產業升級的期待，這不僅僅是通訊產業邁出的革命性一步，也將為各行各業創造前所未有的商機。

　　5G 建構起萬物互聯的核心基礎能力，帶來更快更好的網路通訊，更肩負起賦能各行各業的歷史使命，其超高速率和幾何成長的連接密度是萬物互聯的基礎保障，讓工業網際網路的應用覆蓋全產業鏈與全生產過程成為可能。在化工、機械、電力等產業，許多企業已經靠 5G 技術實現了工業網際網路對供應鏈管理、生產過程即時遠端控制、設備協作、柔性製造、庫存管理、交付管理等生產全過程的貫穿，使資源配置效率、生產效率和產品品質顯著提升，同時有效降低企業的運營管理成本。

　　5G 開啟了網際網路發展的新篇章，作為「新型基礎設施建設」的領頭羊，它是人工智慧、大數據中心等其他新型基礎設施建設的基礎設施。事實上，當前數位經濟發展已經進入跨界融合階段，5G 發展也不斷加速，催生出新產業、新業態、新模式。

　　隨著雲端運算、物聯網和行動網際網路的發展與深入融合，資料業務成為寬頻的主流。計算資源遠端化打破了原有的封閉通訊產業，在技術和市場的雙重驅動下，資訊產業和通訊產業日趨融合，為新一輪的技術革命浪潮提供了基礎。

　　在智慧化網路時代，資訊技術被賦予愈來愈多資訊化和智慧化的涵義，網際網路新業務、雲端運算和各類商業應用成為資訊的主要內容；傳感網、智慧終端機、全 IP 網路帶來雲端為代表的新通訊模式。這些未來產業本身成為戰略性新興產業並作為未來中國經濟成長的領頭兵，同時為其他新型工業化產業提供了資訊化的手段。雲端運算、物聯網、產業資訊化、智慧融合終端、行動網際網路將成為推動中國兩化深度融合的重要引擎。

　　資訊產業透過與新一代資訊技術融合，實現數位化、資訊化、智慧化加速其他戰略新型產業成長進程。物聯網與雲端運算、大數據、行動網際網路、下一代網路等技術和產業的融合發展應用，建構了智慧城市建設。物聯網與技術和產業的相互融合程度愈高、範圍愈廣，物聯網和城市的智慧化程

度自然就愈高。隨著各種網路不斷發展以及人們隨時隨地的資訊處理需求，三網融合將演變成 N 網融合，經過長時間發展後進化為統一智慧物聯網。

▌推動製造業縱深發展

資訊技術對人類社會發展進程產生了深遠的影響，更攪動了傳統製造，在工業製造上掀起一場全新的智慧化科技革命。

首先，資訊技術可以提高產品的技術水準和附加價值，促進產品升級和更新：

- 一是資訊技術融入到製造產品研發和設計的每一個環節，在研究設計的過程中實行資訊技術設計，可以協助從設計過程到設計資料等方面進行全面管理，進而提高製造產品的創新能力，節省成本，加快製造產品的更新週期。

- 二是利用資訊技術和工具能夠提升製造企業的設計能力。目前，產品研發設計日漸複雜，對於企業設計能力也提出了愈來愈高的要求，只有建立在資訊技術基礎上的研發設計才能應對激烈的市場競爭。

- 三是利用資訊技術軟體可以提高研發設計的效率。透過電腦輔助設計、電腦輔助製造業等數位化工具提升研究設計單元的效率，應用產品資料管理提高研究設計組織效率。

其次，對於利用資訊技術進行設備改造來說，將資訊技術融入到製造業的生產過程，使資訊技術與機床結合起來，將實現高度的自動化和智慧化，建立資訊技術的車間生產線，提高生產裝備的智慧化水準。在製造業，資訊技術應用最早的領域就是設備基礎，將製造業的設備與資訊技術有效結合起來，將有助於提高製造業的生產效率，將傳統製造業改造成智慧、柔性和精密的新型製造業。

在這個過程中，物聯網、雲端技術、三網融合等領域連同傳統企業資訊化領域相結合，將共同推動新型工業化的建立，實現工業體系的重大轉變。例如，資訊技術將推動工業從主要依靠資源和投資轉而依靠技術，尤其是資訊技術的融合應用；由傳統粗放的量擴張轉為技術能力以提升質的轉變，體現為先進製造、智慧產品和裝備，促進製造價值鏈在核心環節取得突破向高端轉移。在這些轉變中，軟體與資訊服務業、新一代資訊技術、晶片設計和嵌入式系統都具有舉足輕重的作用。

其三，資訊技術可以提高製造業的管理水準。在利用資訊技術改進製造業的管理水準方面，透過資訊技術可以創新企業管理模式，包括客戶關係管理（CRM）、現代企業管理結構和治理模式等；另一方面，利用資訊技術還可以提高企業的資訊分析能力和決策能力。

目前，已有部分製造業者採用了企業資源計畫（enterprise resource planning, ERP）來幫助管理者更準確了解企業的經營情況，對市場需求進行快速回應，向決策者提供及時的資料，有利於面對激烈的市場競爭，實現製造業的資訊技術。

最後，資訊技術將促進行銷體系的創新。例如，利用電子商務提高企業行銷效率，創新製造業的行銷模式，減少交易費用與中間的複雜環節，為客戶提供更方便快捷的服務。

融合是世界經濟發展的趨勢，資訊化融合發展更是勢在必行。在經濟全球化和經濟社會資訊化發展的環境下，唯有利用現代資訊技術和以資訊技術為手段的融合業務推動傳產改造並結合新興產業，才能促進整體社會經濟發展與升級。

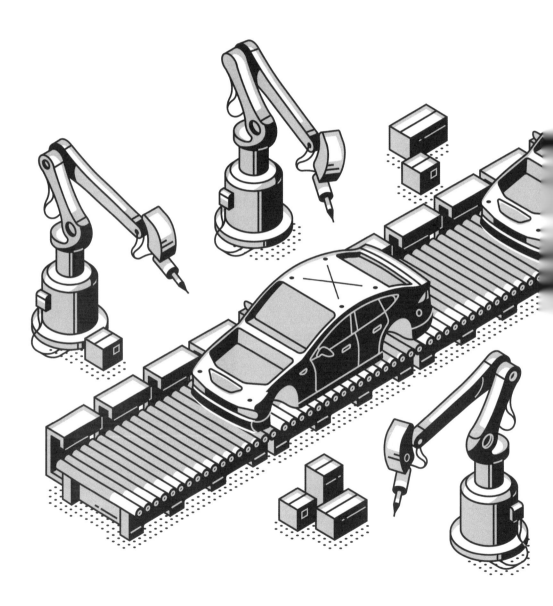

CHAPTER
4
製造模式群

|4.1| 精實生產：少而精，多效益

二十多年前，「精實生產」（lean production 或 lean manufacturing, LP）一詞是美國麻省理工學院數位國際汽車研究計畫（international motor vehicle program, IMVP）的專家對日本豐田 JIT（Just In Time）生產方式的讚譽，被 James P. Womack 等人於《改變世界的機器》著作中首次進行系統性闡述。自此，精實生產這種先進製造模式逐漸為世人所知並不斷加以研究。

精，是精良、精確，少而精，意即不投入多餘的生產要素，只在適當的時間生產必要數量的市場急需產品（或下一道工序急需使用的產品）；益，是效益、利益，即所有經營活動都要有益有效、具有經濟性。

精實生產透過有效消除生產中浪費、不合理、不增值的環節，生產了高品質的產品。作為當前工業界普遍認可

的一種生產組織體系和方式，已經有愈來愈多企業引入精實生產，以期在激烈的全球競爭中保持低成本、高品質的競爭優勢。

▌精實生產房屋結構

精實生產的製造模式是戰後日本汽車工業遭到「資源稀缺」、「多種類，少數量」市場限制下的產物。從豐田相佐詰開始，經過豐田喜一郎、大野耐一等人的共同努力，精實生產的製造模式直到二十世紀 60 年代才逐步完善。簡單來說，精實生產是一種以最大限度減少企業生產所佔用的資源和降低企業管理和運營成本為主要目標的生產方式。

近年來，精實生產及日本汽車工業飛速發展引起了各國學者和工程技術人員的關注，關於精實生產機理和結構的研究與探討也由此展開。其中，中國天津科技大學王頻在參觀考察了豐田汽車及其協作企業共 28 家企業後，提出了新精實生產的房屋結構：及時化生產（JIT）、柔性自動化生產（flexible automation production, FAP），全面品質管制（total quality management, TQM）和專業化協作生產（specilized cooperation production, SCP），其地基則是以電腦網路為基礎的並行工程（concurrent engineering, CE）和小組工作方式（team work, TW）。

及時化生產是精實生產的起源和核心。其核心是「在必要的時候只生產必要數量的必要產品，杜絕一切浪費」和「不生產多餘的成品」。看板（Kanban）管理就是實施及時化生產的具體措施──它是對生產過程中各工序生產活動進行控制的資訊系統，採用「取料制」，即後道工序根據市場需要進行生產，本工序在製品短缺的量從前道工序領取相同的在製品量，進而形成整個過程的拉動控制系統，不多生產一件產品。這樣，看板就在生產過程中的各工序之間周轉著，把取料和生產時間、數量、品種等相關資訊從

生產過程的下游傳遞到上游，並將相對獨立的工序個體聯結成一個有機的整體。

看板管理可防止過量生產，徹底消除製造數量浪費以及隨之衍生出來的種種間接浪費，還可將造成次級品的原因、生產過程中的隱性問題以及不合理的成分充分曝露出來。經過徹底改善問題，看板管理消除了引起成本增加的種種浪費，實現生產過程的合理性、高效性和靈活性。

與剛性自動化的分散、節奏固定、流水線生產等特徵相反，精實生產採用適度的柔性自動化技術（FAP），以群組技術（group technology, GT）為基礎，採用數位控制機床、加工中心或者柔性生產系統、機器人技術和自動化檢測技術等組成的自動化生產系統。它是現代化生產適應多種類、保證品質和技術效率的重要手段。

豐田的自動化是柔性的自動化。每個工位都設置了可隨時停止生產的拉繩裝置，懸掛在醒目位置的光電顯示板會同步顯示相關資訊，生產線上一旦出現異常，就可以立即採取措施予以排解。除此之外，透過合理化建議活動，在生產現場還安裝了諸如省力座椅、防呆預警器、分鐘換模法等許多防止操作失誤及以人為本的勞動保護裝置設施。

TQM 是由全面品質控制 TQC（total quality control）改名而來的。TQM 的中心思想是調動每一位員工的積極性，從生產的每一個環節入手，保證產品品質，產品的品質問題在萌芽狀態就予以解決；在這樣的基礎上，日本企業的 TQM 小組還把工藝方案的改進、降低消耗、提高效率等納入品質管理內容。與企業管理的國際標準 ISO9001 相比，TQM 要求更高、更嚴格。

專業化協作生產，隨著社會勞動分工的發展而發展。其中，專業分工把社會生產分解成許多獨立且專業化的生產單位，而協作又把各個專業化生產單位聯結為一個有機整體。

專業化生產有利於採用最新科學技術成果來提高生產機械化和自動化水準；有利於工人技術培訓並提高其生產技術操作水準；有利於提高生產工時利用率、生產設備利用率和產品品質；有利於挖掘生產潛力，充分有效利用人力物力資源，提高經濟效果；有利於縮短建廠時間，節約基本建設投資；有利於簡化生產管理，提高企業管理水準；有利於改變企業「大而全」、「小而全」的生產結構，促進生產的發展。專業化協作是生產發展的必然趨勢，在現代化社會大量生產中，只有不斷提高專業化協作水準，才有機會生存下去。

以電腦網路為基礎的並行工程和小組工作方式是豐田汽車精實生產的基礎。並行工程是整合、並行設計產品及相關的各個過程（包括製造過程和支援過程），要求產品開發人員在設計一開始就考慮到從概念形成到報廢處理整個產品生命週期的所有因素。豐田汽車從設計最初就考慮到使用者需求、品質、成本、進度計畫、環保性能、使用壽命和報廢後材料的再生利用等問題。

▌新生產方式的革命

精實生產透過消除企業所有環節上的非增值活動（non-value added, NVA），來達到降低成本、縮短生產週期和改善品質的目的，以應付市場多變的小訂單多種類甚至個性化需求的挑戰。正是因為精實生產衝擊了大量生產立足的基本原則，動搖了大量生產的基礎，因此精實生產的誕生也成為新生產方式的革命。

James P. Womack 和他的同事們在《改變世界的機器》裡寫道：「豐田確實是在製造上完成了一場革命，採用大量生產的舊式工廠無法與之競爭，最佳方法——精實生產方式——完全成功地移植到新的環境中來」。並且，「採用了精實生產方式，當它不可避免擴大到汽車工業以外時，將改變幾乎所有產業的一切，包括消費者的選擇、工作的性質、公司的財富，最終是國家的前途」。

首先，精實生產改變了生產流程的分離，提出了根據流程的生產管理思想。在手工業階段，生產流程是緊密連結不分開的；到了大批量生產階段，人們透過引入在製品庫存和成本庫存，才使得生產與銷售、生產中的不同工序之間可以相互分離，進而充分利用規模經濟提高生產效率。而大批量生產發展至今，市場已經轉變為供過於求，加上顧客需求愈來愈多樣化，大批量生產的規模經濟已經不能順應時代需要。為此，精實生產透過引入快速調整技術，將生產批量降低為單件，大幅降低各環節的庫存量。同時，根據價值流程來考慮整個生產鏈的管理，可以使生產系統的各個環節充分流動起來。

其次，在組織管理上，精實生產突破性地發揮了團隊工作的作用，並且改變了金字塔層級式的組織體系，確立了扁平化的組織發展趨勢。James P. Womack 就明確指出動態工作小組是精益工廠運作的核心：在工廠現場管理、品質管制及產品開發中，精實生產都極其注重團隊的工作和管理。此外，對於生產中的責任和權力重新分配也提出明確的授權方針：將生產中大部分權利充分授予一線工人，提出了應該由組織結構中低層工人做出生產決策。可以說，扁平的層級結構、較寬的控制範圍、多功能團隊和被授權的員工形成了精實生產的組織創新特色。

最後，在工作流程設計和管理上，經常性的工作輪替、適當的任務範圍、最小數量的工作分類構成了精實生產在工作流程設計和知識管理方面的特點。豐田生產系統的核心精神就在於：工作內容專業化、明確化；工作方

法科學化、明確化;各種供應關係、產品和服務連接簡單化、直接化及自動調節。

精實生產的關鍵是管理過程,包括人事組織管理的優化,大幅精簡中間管理層、進行組織扁平化改革,減少非直接生產人員;推動生產均衡化、同步化,實現零件庫存與柔性生產;推行全生產過程(包括整個供應鏈)的品質保證體系,實現零不良;減少和降低任何環節上的浪費,實現零浪費;最終實現拉動式及時化生產方式。精實生產的特點是消除一切浪費,追求精益求精和不斷改善;「精簡」就是精實生產的核心所在。

|4.2| 綠色製造:走向環境友好

加工製造業的發展讓人類有更大的能力去改造自然並獲取資源,生產的產品被直接或間接運用於人們的消費當中,大大提升了生活水準。作為創造人類財富的支柱產業,在過去的一百多年裡,加工製造業給人類帶來前所未有的文明和財富,但也帶來了嚴重的環境傷害。

當前,環境污染的惡化讓環保議題受到空前重視,全球經濟的發展與碳排放的成長脫鉤成為大勢所趨,像是中國,就將生態文明建設視為統籌推進「五位一體」整體布局和協調推進「四個全面」戰略布局的重要內容。隨著社會數位化與能源升級的雙轉型,綠色製造的重要性愈發突顯。

▎綠色製造之必然

1996 年,美國製造工程師協會(SME)發表了綠色製造的藍皮書(Green Manufacturing);自此,綠色製造的研究在世界各地興起,隨著環境問題日益惡化以及社會數位化大轉型,綠色製造已成為當下的必然選擇。

綠色製造，又稱環境意識製造、環境導向製造等，是一種綜合考慮環境負影響和資源利用的現代製造模式。其目標是使產品從設計、製造、包裝、運輸、使用到報廢處理的整個生命週期中，對環境產生最小影響、且能夠最佳利用資源。綠色製造除了保護環境、有效利用有限的資源外，更廣義的涵義還包括兩個層次的全程式控制。

　　第一，在集體製造過程即物料轉化過程中，充分利用資源，減少環境污染，具體實現綠色製造的過程；第二，在構思、設計、製造、裝配、運輸、銷售、售後服務及產品報廢後回收的整個產品週期中，均充分考慮每個環節的資源和環境問題，以實踐最佳利用資源和減少環境污染的廣義綠色製造過程。

　　環境、資源、人口是現今社會三大主要問題，環境問題惡化程度與日劇增，正在對人類與社會的生存發展造成嚴重威脅。環境問題並非獨立存在，它和資源、人口兩大問題有著內在的聯繫；對於資源問題來說，它不僅涉及如何利用有限的資源，而且是產生環境問題的主要根源。

　　在這樣的背景下，最有效利用資源和產生最少廢棄物，是環境問題的治本之道。因此，作為一個「大製造」的概念，在產品生命週期的每一個階段並行且全面考慮資源因素和環境因素，即保護環境和資源優化利用的綠色製造成為必經之路。

　　此外，社會數位轉型方興未艾。工業場景的複雜多樣性，決定了企業在進行數位轉型時無法一蹴而就，智慧製造強調消除非增值活動所造成的浪費，同時以最低成本和更高效率交付高品質的產品；一個組織的競爭力和盈利能力，如果在智慧製造模式下進行管理，就可以有效提高生產效率。

　　為了保持競爭力，面對現今前所未有的全球競爭形式，企業必須設計和提供更好的產品與服務，改善其製造業務。綠色製造在製造領域內更新生產

流程和建立無害環境的業務，減少使用自然資源、回收和再利用材料，並在生產過程中減少排放，無疑拓寬了智慧製造的邊界。

事實上，製造方式的轉變與能源效率的提升，從來就是不可分割。一個世紀以前，福特公司試驗了第一條流水線，用來裝配飛輪磁電機，將人類大規模生產能力發揮到極致，機器產能開始出神入化；但鮮少有人知道，能源的變革是福特流水線的另外一個關鍵因素。

電動機的發展，使得機器終於可以擺脫中央動力的限制。過往的中央動力（如一個蒸汽機）需要靠齒輪鏈條傳動後再次進行動力分配，這使得機器的布置受到巨大限制；而電機帶來的分散式動力，終於讓機器可以按照最高效率進行布置。

而綠色製造帶來的能源變革正是除了智慧製造外推動工業革命進一步發展的關鍵因素。當綠色製造以一種最大幅度減少浪費和污染的製造方法搭配各種數位化技術時，不但能夠減少浪費和污染，還能大幅提高組織的生產率和利潤。顯而易見，綠色製造已成為當下的必然選擇。

綠色製造之綠色技術

從「大量製造」的概念來講，整個製造過程通常包括了產品設計、工藝規劃、材料選擇、生產製造、包裝運輸、使用和報廢處理等階段。如果在每個階段都考慮到綠色環保，就會產生相應的綠色製造技術。

綠色設計

傳統的產品設計，通常主要考慮的是產品的基本屬性，如功能、品質、壽命、成本等，即以人為中心，從人的需求和解決問題為出發點，以至於傳

統產品設計過程中往往會無視產品生產和使用過程中的資源和能源消耗以及對生態環境的影響。

綠色設計（green design）是一種全新的設計理念，又稱為生態設計（ecological design, ED）、環境設計（design for environment, DFE）、生命週期設計（life cycle design, LCD），在產品全部生命週期內著重考慮產品的環境屬性（節能性、可拆卸性、長壽命、可回收性、可維護性、可重複利用性等）。

綠色設計的基本思維就是要在設計階段就將環境因素和預防污染的措施納入產品設計之中，將環境性能作為產品的設計目標和出發點，力求使對環境的影響達到最小。從這一點來說，綠色設計是從可持續發展、高度審視產品的整個生命週期，強調在產品開發階段按照生命週期的觀點進行系統性的分析與評價，消除對環境的潛在負面影響，進而形成「從搖籃到再現」的過程。綠色設計可以透過生命週期設計、並行設計、模組化設計等幾種方法來實現。

綠色材料

綠色製造材料的選擇要求設計人員改變傳統的選材方法，在滿足基本功能的前提下考慮產品的材料具有綠色特性；意即在產品的整個生命週期內，這類材料有利於降低能耗，環境負荷最小。

一是減少所用材料種類。使用較少的材料種類不僅可以簡化產品結構，方便零件生產管理與材料的標記分類，而且在相同的產品數量下可以得到更多的回收材料。

二是選用可回收或再生材料。使用可回收材料不僅可以減少資源的消耗，還可以減少原材料在提煉加工過程中對環境的污染。BMW 生產的 Z1 型汽車，其車身全部由塑膠製成，可在二十分鐘內從金屬底盤上拆除。車門、保險桿和前、後、側面的控制面板都由通用公司生產的可回收利用熱塑性塑膠製成。

三是選用可生物可分解材料。中國的福州塑膠科學技術研究所與福建省測試技術研究所就成功研製出由可控光塑膠複合添加劑生產的一種新型塑膠薄膜，這種薄膜在使用後一定時間內即可分解成碎片，溶解在土壤中被微生物吃掉，進而起到淨化環境的作用。

四是選用無毒材料。在汽車和電子工業中，最常使用含鉛和錫的焊料，但是鉛的毒性極大，所以近年來已經在油漆、汽油和其他諸多產品中被限制或禁止使用。

清潔生產

相對於真正的清潔生產技術而言，綠色製造過程中的清潔生產，多半從綠色製造工藝技術、綠色製造工藝設備與裝備等入手實現清潔生產。

例如，在實質性的機械加工中，鑄造、鍛造衝壓、焊接、熱處理、表面保護等過程都可以實踐綠色製造工藝，包括改進工藝、提高產品合格率；採用合理工藝簡化產品加工流程、減少加工工序，謀求生產過程的廢料最少化，避免不安全因素；減少產品生產過程中的污染物排放，如減少切削液的使用等，目前多透過乾式切削技術來達成。

綠色包裝

眾所周知，現代商品行銷有五大要素，即產品、價格、管道、促銷和包裝。而在重視環保的世界氛圍裡，綠色包裝在銷售中的作用自然愈來愈重要；所謂綠色包裝是指採用對環境和人體無污染、可回收重用或可再生的包裝材料及其製品的包裝。

綠色包裝意味著需要摒棄那些求新立異的消費理念，優化產品包裝方案，使得資源消費和廢棄物降至最低。首先，必須盡可能簡化產品包裝，避免過度包裝；使包裝可以多次重複使用或便於回收，且不會產生二次污染。例如，Motorola 在標準包裝盒上的做法是縮小盒子尺寸、提高其利用率，並採用再生紙漿內包裝取代原木漿，進而提高經濟效益，符合「3R1D」原則——reduce 減量、reuse 回收使用、recycle 回收再生、degradable 可分解。

綠色回收和處理

產品的回收處理是系統工程，從產品設計一開始就要充分考慮這個問題，需要採用針對拆卸的設計（design for disassembly, DFD）並考慮回收中的後勤運輸問題與回收產品狀態的可能變化、以及一些零件損害或腐蝕等問題，且報廢的產品應及時回收處理。經拆卸後可以重新使用的零部件，一方面節省了大量原材料，另一方面也減少了環境污染，因此在產品考慮過程中要使產品易於拆卸——不同的材料可以簡單拆開來，便於回收使用、再生或分解。

綠色製造本身是一種企業行為，但是在某種程度上又具有公共物品的特性，因此要使綠色製造成為自覺的企業行為。各國政府則需要先行一步，如

完善法律法規、稅收政策和資金市場來支援環保部門切實有效的工作等。然而，這方面的法律法規目前還無法形成對綠色製造行為的有力支援。

當然，隨著碳中和的盛行，全球經濟的發展遲早要與碳排放的成長相互脫鉤，而綠色智慧製造更將在未來成為提升數位化企業競爭力的重要一環。從技術到制度，從困局到破局，都將成為綠色製造奔流的起點。

|4.3| 服務化延伸：增值製造價值鏈

當前，製造的價值鏈正不斷延伸拓展，製造和服務逐漸融合，製造企業愈來愈傾向於為顧客提供產品服務及其應用解決方案。以服務為導向的製造模式是為了增加製造價值鏈的附加價值，透過產品和服務融合、客戶全程參與、提供生產型服務或服務型生產，才能整合分散的製造資源及各別的核心競爭力，以達到高效創新的目的。

服務型製造是未來製造業轉型的重要模式，並且將成為一種可持續發展的商業模式，這種模式也會為企業帶來巨大的收益。

服務型製造的演化與成熟

從演化路徑來看，服務型製造實際上是製造業向服務業靠攏、服務業向製造業靠攏的雙方相互運動結果。

其中，製造和服務具有兩種關係：一是客戶／供應商關係——製造業的發展為許多生產性服務如金融、保險、技術諮詢、物流等開拓了市場，而這些服務反過來有效支援並加速了製造業的發展；二是互相依附關係——服務

依附於產品，產品的銷售依附於服務。例如，製造業販售某種產品的同時也創造了相關服務的需求，而當服務業提供工程或管理顧問服務時，亦能夠引導客戶對設備和其他相關輔助設備的需求。

於是，隨著社會化分工的加深和生產性服務的發展，製造業和服務業相互融合依賴，兩者之間的邊界愈來愈模糊，不僅促使傳統產品內涵發生改變，傳統的製造組織也會跟著發生相應的改變。

具體來看，一開始，企業仍為販售單一產品的製造模式。製造業從自然界擷取資源，經過系統加工生產，最後透過經銷商或代理商在市場上販賣產品；產品所有權在交易過程中轉移給消費者，並最終獲得市場價值，如飲料、食品和服裝等。

後來，企業開始販賣產品並提供展現產品功能的服務，這是由於企業販賣的產品較為複雜，因此為了保障產品的正常功能，需要提供相應的輔助性服務，例如洗衣機和空調的送貨服務、維護與維修。於是，基於產品功能的服務漸漸跟產品綁在一起，利用產品功能實現或搭載服務，產品成為服務的載體，販賣產品的目的只是為了讓顧客享受更好的服務；就好像上網月租費送手機的專案，支付一定的服務費就可以免費獲得一支手機。

後來，依據產品功能的服務也開始拓展，在產品基本功能基礎上拓展附加功能，根據這些拓展功能提供產品用途以外的服務來創造更大的價值。例如，德州拖拉機製造廠商就在拖拉機履帶上安裝探頭，在拖拉機耕地過程中採集當地土壤的資訊，並傳輸給化肥生產商以便生產適合當地土壤成分的化肥。

最終，服務型製造模式透過產品和服務的融合、客戶全程參與、企業相互提供生產性服務和服務性生產，整合分散的製造資源及各別的核心競爭力；既是基於製造的服務，也是以服務為本的製造。

▎服務型製造更新價值鏈創造

服務型製造實現了服務業與製造業的融合，更新了價值鏈的創造模式，展露其遠勝過傳統製造模式的優勢。

首先，服務型製造實現了從有限次服務到全週期服務。傳統物流供應鏈管理體系的核心問題就是如何快速、準確、高效、低成本地將原材料、半成品以及部分成品供應給需求方。然而，消費觀念和生產方式的改變促使消費者與供應商之間的關係開始發生變化，從推動式供應鏈轉變為拉動式供應鏈，從向消費者提供一次性購買服務變成全產品生命週期的服務。

這種新型競合關係的形成，促使製造業進一步外包其業務，進而促進了製造業與服務業的融合。服務型製造實現了產品在流通過程中的加工，如鋼材、蔬果的流通加工等，更能滿足客戶的需求、提升產品的流通效率，同時也增加了製造業和服務業的盈利空間，將獲利的時間從一次性轉變為整個產品壽命週期。

其次，服務型製造實現了製造和服務融合的新模式，使顧客從簡單需求者轉變為參與製造者。該模式整合了分屬於不同區域、不同實體、不同狀態的資源，達到資源集中調配、使用和效率最大化。同時，服務型製造充分重視客戶的需求和地位，將客戶引入供應鏈管理體系中成為「合作生產者」。透過各成員企業間的生產性服務和服務性生產活動，來達到最大化顧客價值和企業價值的目標。同時，它也擴大了盈利空間和範圍，使單一、單環節的服務收入朝多層次、複合收入轉變。

服務型製造以顧客需求管理為起點，整合與協調供應鏈中各成員企業的資源，客戶參與原輔材料採購、產品設計、生產製造、產品包裝、物流、售後服務、產品回收等一體化的服務過程，展現了產品全生命週期的價值增

值，實現製造業供應鏈中各成員企業的價值增值，最終實現分散式核心競爭力的高度協同。

最後，服務型製造還會推動價值滿足朝需求滿足轉變。服務型製造的產生與發展，有利於實現產品的價值增值和企業的價值增值，同時也有利於實現客戶的價值增值，而客戶的價值增值是透過客戶需求更深層次的滿足來實現的。服務型製造開創了企業利潤來源多元化，如產品利潤來源，服務利潤來源，這些企業不僅能提供產品服務，而且可以提供產品以外的服務，如售後支援、金融服務和物流服務等。

服務正成為企業競爭的新領域和提高產品附加價值的新途徑，客戶在獲得全方位服務的過程中產生更高的滿意度，形成更加穩定的客戶關係。服務型製造實現了服務網路和製造網路的融合，在這個動態的新網路中，資源透過市場達到優化配置的狀態，實現柔性製造。

整體而言，在製造網路和服務網路全球化的趨勢之下，製造業與服務業的發展相互牽制影響，兩業融合發展是必然趨勢。服務型製造是兩業融合發展後產生的一種新的業態和模式，有利於實現製造業轉型和升級。在買方市場條件下，如何打造適合企業發展需要的供應鏈、推行供應鏈管理，是企業發展的必要課題。服務型製造的發展需要關注價值鏈體系和運行機制的建設，以適應企業發展的內外部環境，提高企業的核心競爭力。

|4.4| 工業網際網路：數位轉型的有效路徑

第四次工業革命是資訊物理系統的深度融合，在這樣的背景下，能夠直接連接消費者和製造商的工業網際網路，成為第四次工業化浪潮的最重要產物。當前，工業網際網路平台已經在全球製造業掀起了一股熱潮。作為推動

新一代資訊技術與製造業融合的載體，工業網際網路平台協助製造業轉型升級已逐漸成為全球共識。

▍工業網際網路走向未來

工業網際網路囊括了龐雜的細分領域，而從不同角度出發，將形成對工業網際網路的不同認識。

從技術層面看，工業網際網路是新型網路、先進計算、大數據、人工智慧等新一代資訊通訊技術與製造技術融合的新型工業數位化系統。可以說，工業網際網路在漫長的演進中成型，是多項資訊技術的系統綜合。

從宏觀層面看，工業網際網路透過工業經濟全要素、全產業鏈、全價值鏈的全面連接，支撐製造業數位化、網路化、智慧化轉型，不斷催生新模式、新業態、新產業，重塑工業生產製造和服務體系，實現工業經濟的高品質發展。

在工業網際網路時代，生產資料與生產關係將發生革命性變化，來自工藝環節的資料將在網路空間彙集、處理、沉澱，最終又在工藝環節體現價值；與蒸汽時代、電力時代的技術革命相仿，資料將成為工業企業的重要生產資料，而通訊技術則將成為重要的生產工具。

當然，認識和發展工業網際網路是一個循序漸進的演化過程。企業資訊化是工業網際網路發展的前提，也是企業發自內在的需求。世界上第一個財務系統的出現，正是由美國 GE 自行開發的。在企業資訊化的過程中，不同的系統廣泛應用在各個部門，這期間也將產生大量的資訊孤島。

將價值鏈向用戶端擴展的過程是工業網際網路發展的必然，這也可以看做是製造業走向服務化的一種，這個過程對企業的軟體發展能力以及對下游

使用者的運作機制需要很強的把控。例如，從中國寶鋼資訊化部門出來的寶信、一汽集團出來的啟明星等，既服務自身企業、也在進行各種專案創造收入。

　　工業網際網路走到最後，必定會對整個行業的數位化過程進行通用性賦能。從成本需求來看，低成本永遠是工業企業增加利潤的重要目標，但傳統的物理設備效率皆已達到極限；工業網際網路採用雲端運算、大數據技術改造現有機器和物理設備，將帶來極明顯的成本費用邊際改善。

　　例如，AI 新創公司 Uptake 幫助美國最大核能發電廠 PALO Verde 節省了每年 1,000 萬美元 / 月的開銷，成本降低了 20%；中國青島紡織機械廠依託海爾 COSMOPlat 平台，透過資料獲取及分析完成遠端運維，每年省下人民幣 96 萬元，當機時間從每次三天縮短為一天，降低直接損失人民幣 64 萬元 / 次。

　　從供應鏈來看，工業網際網路提出生產製造新模式，實現柔性製造和個性化定製，對智慧化生產有著至關重要的影響。從空間鏈看，受空間、資源的限制，傳統企業難以實現多個環節的協同工作，而工業網際網路的支援將可以實現業務資訊共用，做到即時生產監控、遠端資料獲取與控制、即時回應打破空間隔閡，實現互聯互通。

▍工業網際網路開始駛入深水區

　　更早以前，工業網際網路受到的關注度並不高，一方面，相對於通俗易懂的消費領域，工業本身具有一定的門檻；另一方面，沒有 5G 網路支撐的工業網際網路多少有點像是空中樓閣。當 5G 商用在 2020 年開始普及之時，也將工業網際網路發展推進了關鍵節點。

同時，在物聯網、雲端運算、人工智慧、大數據技術等的支援下，工業網際網路的未來前景初露曙光。物聯網技術的發展使得包含智慧物體狀態、標識、位置的大量工業資料得以收集，網際網路技術為資料的傳遞提供了可能，雲端運算提供了基於平台的工業資料計算及分析能力；網際網路、雲端運算、物聯網、大數據等資訊技術向工業領域滲透融合，促成了工業網際網路的突破與成型。

目前，工業網際網路基本上已走完了從概念普及到實踐生根的發展過程。

其中，網路是工業互連的基礎。工業網際網路要求企業內部的供銷存、生產、中後台管理等環節做到人、財、物等資訊流統一，打破了當前煙囪式（相互獨立）的工業資訊架構；同時，外部產業鏈上下游企業之間的資訊流相互打通、整體協同。因此，工業互連最基礎的要求在於透過通訊網路提供底層支援，最終實現資訊系統網路、生產系統網路中不同單元、不同設備、不同系統的即時感知與協同交互。

平台是工業互連的核心。生態中不同單元、不同設備、不同系統產生的龐大資料透過網路基礎在平台上彙集，本質是大工業導向的數位化、網路化、智慧化需求，透過物聯網、人工智慧、大數據等新興技術建構高效、即時、精準的平台系統，實現資料彙集、建模分析、應用開發、資源調度、監測管理等功能，是工業互連的核心。

安全則是網路與平台的保障，在工業網際網路時代，資料是企業的核心資產之一，更加強調體系的資訊安全。企業內網的安全可分為企業內應用安全、控制安全及設備安全三方面，整體體現為對設備、網路、資料的安全防護能力。

在此前提下，工業網際網路的戰局引發了愈來愈多的關注，除了有GE、西門子、PTC、SAP 等國際巨頭盤踞其中，浙江藍卓、騰訊雲、卡奧斯、徐工資訊等中國部隊也正伺機而動，愈來愈多的主體力量持續帶動更多細分領域的技術創新。

阿里巴巴（Alibaba）2020 年推出的犀牛智造（Rhino），就是具有工業網際網路特色的智慧工廠，它能夠利用阿里巴巴龐大的消費者資料，為小型服裝企業預測說明哪些單品會暢銷，進而簡化生產計畫。

在工廠內部，犀牛智造的機器都配有網路攝影機，各工作站之間有傳送帶連接，每塊布料都有標記可追蹤溯源，整個工作流程以數位方式記錄在阿里巴巴的雲端，這樣商家就可以遠端追蹤進度。透過將生產線的每一道工序數位化，阿里巴巴正在為終端服裝製造商採用標準化的通用作業系統運作機器奠定基礎。

顯然，工業網際網路已經開始駛入深水區。

▎競合還是零和？

工業細分領域的龐雜，意味著工業網際網路的深入也將是一場混戰，未來所囊括的企業不管是數目還是細分領域，規模都將是空前龐大。是競合還是零和，如何搶佔第一高地，成為當下廠商面臨的重要問題。

但不論是競合還是零和，工業網際網路深海中，每一個企業的自身定位都很重要，一方面，中國雖是全世界唯一擁有聯合國產業分類中全部工業類別的國家，但卻沒有一個廠商能夠覆蓋所有工業細分產業以及應用場景。另一方面，入局工業網際網路賽道的玩家們本身的基因也不同，例如工業企業、ICT 企業、網際網路巨頭等；有些企業從流程性製造切入，有些則從離

散型製造切入的，其打造工業網際網路平台的技術架構也各不相同。確認定位，是在工業網際網路深海混戰的第一步。

同時，網際網路廠商發展的其中一個關鍵在於資料交換、系統整合和創建通用系統。產業是從事相同性質經濟活動的所有單位元集合，然而，由於供應鏈、價值鏈跨越不同的產業和企業，往往存在著企業聯繫薄弱、資料共用不順暢等問題，導致資料的價值無法充分發揮。

工業網際網路是一個生態共同體，從要素到價值由生態共同完成。要推動跨工業互連，就要建立全價值鏈、全商業生態的企業之間彼此連接，實現企業經營相關資料在全價值鏈、全生態的流動。

最後，工業網際網路是根據價值鏈拓展的外化，並且呈現出完全不同於傳統工業的特徵。各產業間鮮明的鴻溝與變化多端的流程，對平台而言都是巨大的挑戰；最重要的是，工業網際網路的商業邏輯已經發生嬗變。

在工業網際網路時代，一個傳統的製造業需要以一個運營商的全能角色出現。例如，富士康擁有製造卓越的基因，但是否真的能支撐它走向一個運營型公司？同樣，海爾、美的、徐工、中聯重科等每一個致力於全新角色的公司，都需要面對組織變革是否已經就緒、有能力接受一場全新商業模式的拷問。

工業網際網路是技術的集大成者，需要大量來自不同學科、技術與知識的匯集與融合。而目前，沒有任何一個平台具備超過 50% 以上工業網際網路所需要的資源、技術與能力。

顯然目前平台之間也不會是零和關係，而是競合關係，並且是合作優先於競爭。唯有平台與平台之間充分合作、建立「共用與協同」的生態共同

體，才能把蛋糕做大。走向工業網際網路深度應用的新契機已經降臨，這也將重新定義加工製作，創新網際網路的未來。

|4.5| 智慧製造：從技術到模式

智慧製造是技術，也是模式。

技術角度上，智慧製造是在新一代資訊技術、雲端運算、大數據、物聯網技術、奈米技術、傳感技術和人工智慧等基礎上，透過感知、人機交互、決策、執行和回饋，實現產品設計、製造、物流、管理、維護和服務的智慧化，是資訊技術與製造技術的整合協同與深度融合。

同時，應用雲端運算、物聯網、服務導向和智慧科學等技術的智慧製造也是一種智慧化的製造模式，它利用網路和雲端製造服務平台，按需組織網上製造資源（雲端製造系統），為使用者提供可隨時獲取、動態、敏捷的製造全生命週期服務。

▌智慧製造的關鍵技術

智慧製造模式是實現製造過程的高新化、全球化與透明化，以實現製造向「智造」的轉變。這個過程則是以智慧製造技術的關鍵技術升級為基礎，包括人工智慧技術、物聯網技術、大數據技術、雲端運算、資訊物理融合系統技術以及智慧製造執行系統技術等。

人工智慧技術

在智慧製造過程，以技術與服務創新為基礎的高新製造技術需要融入到生產過程中的各個環節，以實現生產過程智慧化，提高產品生產價值。人工智慧技術賦能的製造業具有極大的潛力，當人工智慧與相關技術結合，可優化製造業各流程環節的效率，透過工業物聯網採集各種生產資料，再借助深度學習演算法處理後提供建議甚至自主優化。

人工智慧在製造業的應用場景主要包括產品智慧化研發設計、在製造和管理流程中運用人工智慧提高產品品質和生產效率，以及供應鏈的智慧化。

在產品研發、設計和製造中，人工智慧既能根據既定目標和約束利用演算法探索各種可能的設計解決方案進行智慧生成式產品設計，又能將人工智慧技術成果整合，製造出如智慧手機、工業機器人、服務機器人、自駕車及無人機等新一代人工智慧產品。

對於生產製造來說，人工智慧嵌入生產製造環節將使機器更加聰明，不再僅僅執行單調的機械任務，而是可以在更多複雜情況下自主運作，全面提升生產效率。

在智慧供應鏈上，需求預測是管理領域應用人工智慧的關鍵；透過更佳預測需求變化，公司可以有效調整生產計畫改進工廠利用率。此外，智慧搬運機器人將實現倉儲的自主優化，大幅提升倉儲揀選效率，減少人工成本。

物聯網技術

物聯網技術透過應用 RFID 技術與智慧感測器的資訊感知過程、根據無線感測器網路與異構網路融合的資訊傳輸過程、根據資料採擷與圖像影片智

慧分析的資訊處理過程實現製造過程的生產程式控制、生產環境監測、製造供應鏈跟蹤、產品全生命週期監測等，幫助企業更能掌握利用地方資源。因此，物聯網技術在智慧製造的全球化進展中擁有無可取代的獨特價值。

大數據技術

全球化物聯網的出現，源源不斷產生了龐大資料，面對這些資料所具備的「4V」特性——一大規模、多樣性、高速與低價值，如何利用大數據技術對這些資料進行處理與融合、實現生產製造過程的透明化、從中獲取價值資訊，並依靠智慧分析與決策手段提高應變能力，是提高製造過程「智慧」水準的關鍵所在。

雲端運算

針對全球化物聯網與大數據特徵的出現，雲端運算根據資源虛擬化技術與分散式並行架構，將基礎設施、應用軟體、分散式平台作為服務提供給使用者，實現分散式資料儲存、處理、管理與挖掘。透過合理利用資源與服務，雲端運算為實現智慧製造敏捷化、協同化、綠色化與服務化提供了切實可行的解決方案，在資料隱私性與安全性得到保障的前提下，將獲得企業的廣泛認可。

資訊物理融合系統技術

資訊物理融合系統透過「3C」技術——電腦技術、通訊技術與控制技術——的有機融合與深度協作，實現製造過程的即時感知、動態控制與資訊服務。作為有自主行為的智慧系統，資訊物理融合系統不僅能夠從製造環境中獲取資料，進行資料處理與融合來提取有效資訊，而且可以根據控制規則

透過工業機器人等設備作用於製造過程，實現資訊技術與自動技術的交互融合，是智慧製造的關鍵領域。

智慧製造執行系統技術

智慧製造執行系統針對協同化、智慧化、精益化與透明化需求，在已有的傳統 MES（manufacturing execution system）製造執行系統基礎上增值開發智慧生產管理、智慧品質管制、智慧設備管理等功能模組，實現全流程一貫制生產過程與產品品質智慧控制，並利用物聯網和大數據做到製造過程的即時遠端監控、事件預測、事件分類和事件回應，實現工廠自動化與資訊化的兩化融合，是智慧工廠得以實踐的核心環節。

走向智慧製造

製造業智慧化不是橫空出世的社會進程，而是靠著前期技術累積，以人工智慧和新一代資訊通訊技術等先進技術作為產業變革的拐點。數位化製造是製造業智慧化的發展起點，網路化製造是實現製造業智慧化的過渡階段，而製造業升級的最終目的，是從數位化、網路化轉而最終實現智慧化。製造業現正處在由數位化、網路化向智慧發展的重要階段。

數位化製造是製造業智慧化的起點。數位化製造是以數位化技術為基礎，伴隨著數碼控制技術與數位控制機床的發展，以產品的設計與生產製造環節為作用物件，強調生產流程的數位化。從設計環節來看，數位化製造相較於傳統製造，主要是將傳統的手工草圖設計轉換為電腦模擬設計，大幅提升了設計效率；從生產製造環節來看，數位化製造實現了部分製造程式自動化，表現在將一些複雜精密的加工程式用機器來完成。數位化製造的代表性技術，有數位控制機床等。

網路化製造則是製造業智慧化的發展階段。網路化製造以網路化時代為背景，伴隨著資訊與通訊技術的發展，以企業間的協同生產運作為作用對象，強調企業合作與資訊共用。從技術基礎來看，網路化製造是以網際網路技術作為支撐，突破地理空間對於企業生產經營的約束，企業間透過網際網路進行資訊溝通與協調；從製造目的來看，相較於數位化製造，網路化製造從聚焦於企業內部生產轉移到聚焦於企業間協同生產，表現在用網路實現資源共用與整合。網路化製造的代表性技術有：基於網路的分散式 CAD 系統和開放結構控制的加工中心等。

智慧製造是製造業智慧化的成熟階段。智慧製造是在數位化製造和網路化製造基礎上發展而來，數位製造與網路製造是智慧製造的必要條件；智慧製造是以產品製造全流程和全生命週期作為作用物件，強調運用新一代資訊通訊技術和人工智慧，表現在將人工智慧賦於生產運作系統，使其能夠自感知、自決策和自執行。

智慧製造的核心就在於「智慧」。相較於數位化製造，智慧製造不僅全面利用電腦來進行控制，利用積層製造等新型製造方式來實現特殊形狀與結構的產品設計，大幅取代人的腦力與體力，賦予製造過程分析、推理與執行能力。相較於網路化製造，智慧製造透過工業網際網路實現智慧型機器間的互連甚至人機互連，是網際網路向工業的延伸與擴展。

在全面感知、泛在連接、深度整合和高效處理的基礎上，智慧製造根據計算與演算法，將以人為主的決策和回饋轉變為根據機器或系統自主建模、決策、回饋的模式，為工業網際網路實現精準決策和動態優化提供更大的可能性。智慧製造實現了從資料到資訊、知識、決策的轉化，挖掘資料潛藏的意義，擺脫了傳統認知和知識邊界的限制，為決策支援和協同優化提供可量化依據，最大化發揮利用工業資料隱含價值。這將在未來成為工業網際網路發揮賦能作用的重要支撐，實現人、機、網的高度融合。

第三篇 | 未來

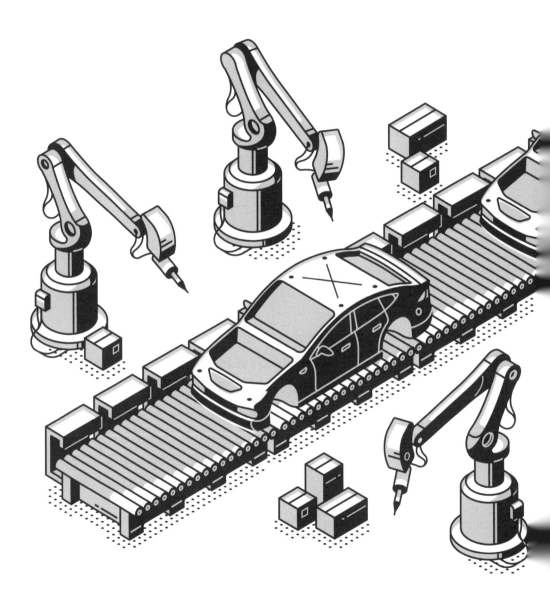

CHAPTER
5
新角色、新市場、新規則

|5.1| 工業再出發

▍從工業化到去工業化

工業對於人類生活的重要性毋庸置疑，但自二十世紀70 年代以來，整個資本主義世界的發達國家中卻出現了「去工業化」的浪潮。

美國從二戰後便開始了「去工業化」歷程。身為「二戰」前已經完成工業化並開始進入後工業化階段的傳統工業化國家，美國在戰後初期為繞過歐共體的關稅壁壘而改變了以往向西歐直接出口機電、汽車等產品的做法，轉而在歐洲進行了大規模的直接投資、進行本土化生產。

戰後美國的產業空心化過程，實際上反映了戰後美國產業結構的「脫實向虛」趨勢。在這個過程中，製造業不斷萎縮並被當成了美國的「夕陽產業」；從製造業在國民經濟中的產值比例來看，美國製造業在戰後出現了明顯的下降趨勢。除了電子產品製造業等少數部門外，機械製造業、汽車製造業等傳統製造業產值比例都出現了長期下滑趨勢，原本應服務實體經濟的虛擬經濟卻不斷膨脹。

戰後美國傳統的農業部門持續了工業化以來的下降趨勢，產值和就業在國民經濟中的比例均很小；第二產業中除製造業的市場佔有率出現下降，其他產業部門長期保持了相對較小的穩定比例；而在第三產業中的虛擬經濟部門則隨著「經濟服務化」的熱潮引發了快速成長。

在日本，經過戰後二十多年的快速工業化和經濟成長後，日本第三產業的比重在二十世紀 70 年代末已經超過 50%，日本從此進入了後工業化階段。此後，日本透過海外直接投資和技術轉移，不斷把國內喪失競爭力的產業和生產環節移向海外，從初期的生產製造環節逐步擴展到企業價值鏈的其他環節。

從製造業內部的行業分布來看，日本加工類製造業中的海外企業比例在過去二十年中出現了翻倍式的成長，而材料類製造業海外企業的數量比例也在 2007 年超過了三分之二。在此期間，日本國內註冊企業的海外生產比率長期保持著穩定上升的態勢，而海外註冊企業的海外生產比率雖然呈現出一定的波動性，但整體也呈現出明顯的上升態勢。

整體來看，日本製造業中海外企業的數量已經超過了總量的一半，以企業數量計算的製造業海外生產比率已達到空前高度，特別是日本許多大型龍頭企業向海外轉移帶動了與之相關配套企業的海外轉移，但這種產業集群式轉移也透露出日本大企業的零部件供應和配套產品供應環境惡化，造成大中小型企業相繼出走的連鎖效應。

大量企業向海外轉移生產能力，意味著日本國內資本大量流出海外。況且，日本長期以來一直將出口製造業產品和海外投資作為主要經濟優勢，並對外國資本設置了諸多限制，產業環境中明顯的多重約束因素也決定了其難以成為外國直接投資的首選之地，因而造成日本吸引外資的金額與其經濟規模的比例在世界上長期處於倒數位置，成為典型的海外直接投資逆差國。

1990～2004年，日本國內平均每年對海外的直接投資約為270億美元，而此時期日本平均每年吸收的海外直接投資卻僅約40億美元，這意味著日本平均每年有230億美元左右的投資淨流出。這種差距到了2005年之後更加懸殊，平均每年的海外直接投資超過700億美元，而國內吸收的海外直接投資卻僅有約75億美元。

深入檢視，去工業化是產業結構演進中企業行為和資本流動應對外部產業環境變化的結果。從企業行為的層面看，無論是國內勞動力成本提高、自然資源供給緊張還是匯率變動，都可能引起群體企業生產和投資遠離本土製造業等實體經濟部門。從產業資本流動的層面看，產業環境約束會導致產業資本在本土製造業等實體經濟部門的回報率下降，進而出現向更高資本回報率的區域和產業流動的傾向，最終會出現去工業化。

增加產業環境約束是導致去工業化的初始原因。在工業化持續深化過程中，增加產業環境約束有一定的普遍性。從勞動力供給的演變來看，人口結構演變的基本規律決定了人口機會視窗期（demographic window，或稱人口紅利期）的勞動力無限供給終將結束，而人口老化的人口紅利消失和勞動力供給不足終將到來，這就意味著建立在較低勞動力成本之上的產業結構不可持續。從資本的供給上看，資本在產業間的分配不均和「麥克米倫缺口」（Macmillan gap）式的金融約束是導致製造業企業的產業環境惡化和經營困難之重要原因。從自然資源供給看，自然資源的有限性決定了建立在低成本資源供給和環境破壞基礎上的產業結構不可持續，而擺脫約束的產業結構

轉型必定要經歷高消耗產業衰退的過程。從國際產業環境變化來看，隨著國際分工比較優勢的變化，發展中國家成本低廉、市場廣闊的優勢會大量吸引發達國家的產業轉移，此舉一定程度取代了自發達國家進口產品，造成這些國家出口企業的外部需求減少。此外，國際貿易摩擦的加劇、國際市場需求的波動以及匯率升值等因素，也是造成國際產業環境約束擴大的重要原因。

企業戰略轉型中的「空心化行為」是導致去工業化出現的關鍵所在。可能造成去工業化的企業戰略轉型主要有兩類：

第一類是企業區域布局戰略轉型。在國內勞動力成本上升、市場趨向飽和的情況下，企業為追求更低成本和更高市場占有率，會考慮將生產製造轉移到更具有比較優勢的地區。

第二類是企業業務結構戰略轉型。隨著傳統製造業的產業環境約束擴大，企業可能透過實施業務結構調整來降低傳統製造業的業務比例，並透過離心多元化戰略投資於金融市場等虛擬經濟領域的業務上。如果這些「空心化行為」是諸多企業的集體行動，造成的直接後果就是其所在區域和產業出現生產能力整體下降、爆發去工業化。

產業資本「離本土化」和「離製造化」的流失是導致去工業化的直接原因。透過生產活動直接獲得資本增值的產業資本，其流動的直接目的是在控制風險基礎上獲得更高回報，而操縱其流動的主體是其所在的企業。在企業回應產業環境約束而做出戰略轉型的過程中，產業資本也隨之流動，與企業的區域布局轉型戰略和業務結構離心多元化戰略相適應，產業資本的流動呈現出「離本土化」和「離製造化」的趨勢。在這兩種趨勢下，大量產業資本從本土流出到海外，從實體經濟部門流出到虛擬經濟部門，代表企業本土的製造業等實體經濟部門出現了資本流失和投資不足的問題，去工業化也就不可避免。

興也工業，衰也工業

　　儘管西方國家的「去工業化」舉措曾經一度被視為明智之舉，認為是當一國處於工業化中後期，其技術和資本累積足夠雄厚且人民消費水準較高時的必然改變；但事到如今，「去工業化」危害已盡顯。

　　正如前面所講，去工業化主要有兩種表現：第一種是以工業資本大量流入第三產業為特徵的去工業化形式；第二種則是以工業資本向其他國家轉移為特徵的去工業化形式，該類型中又包含了不同的形式，並對出現去工業化現象的發達國家產生不同的影響。

　　第一種去工業化的表現有二：一是造成生產效率的損失，勞動力從較高生產率的製造業流向較低生產率的服務業，進一步降低社會生產效率；二是導致要素投入的降低。服務業的資本勞動比率相對較低，對資本的需求與勞動投入也較低，因此隨著勞動力從製造業流向服務業，將減少對資本和勞動的引申需求（derived demand），從而帶來失業以及經濟發展的滯緩。

　　在美國，製造業產值比例的下降，迫使大量的勞動力從製造業中被「擠出」，而這些勞動力又無法在短期內被其他產業部門吸收，造成了美國長期以來的就業難題，特別是從二十世紀 80 年代以來，美國的製造業就業人口比例出現了大幅下降。美國製造業就業比例的下降，固然與其產業自身勞動生產率提高有關，但最主要是受到了產業部門整體下降影響。

　　從工業轉移出來的人口多數會進入服務業，而吸納大量就業人口的服務業分為高端服務業和低端服務業，前者主要包括金融、會計、法律、醫療、教育等需要專業知識的工作，這些工作普遍收入較高，但就業機會卻很少。

　　而低端服務業多半不需要高深的專業知識和技能，門檻低，但收入偏低。而社會的中間階層 —— 藍領工人則在去工業化過程中逐漸消亡，其結果

就是加速了貧富兩極分化，在社會各階級之間築起藩籬，激發階級矛盾。於是，隨著「去工業化」趨勢加大，大批工人失業，階層流動趨於停滯。

對於第二種去工業化的表現，當工業資本向其他國家轉移時，則不可避免出現了產業空心化現象。二十世紀 70 年代以來，英、美等國將大量高端製造業轉移向了德、日、韓，90 年代開始又把基礎製造業大規模移往以中國為主的發展中國家。這就使得英、美等國的國內出現產業空心化、徹底的去工業化現象。

缺乏工業支撐將導致國家面臨的風險大大增加。例如，過去的日不落帝國到本世紀初，服務業在其國民生產總值中的比例提高到 70%，英國經濟實現了由生產型到服務型的根本轉變。

就在這時候，英國房地產業發展迅速，與大西洋彼岸的美國遙相呼應。當英國房地產業進入泡沫階段時，一方面，原本是英國金融業主要服務對象和客戶的英國工業卻不斷萎縮，於是金融業就把資金用於發展本國的房地產和購買美國次貸債券，無形中助長了本國及美國的房地產泡沫化。

另一方面，在泡沫破裂前，英國以金融業為代表的服務業又從房地產業泡沫迅速膨脹中得益最多，於是出現了房地產業和服務業「共同繁榮」的「雙贏」局面。然而，英、美兩國房地產泡沫破裂後，形勢急轉直下，英國金融業受到本國房貸呆帳和美國次貸的雙重夾擊、損失慘重，原本被視為「就業蓄水池」的服務業特別是金融業、房地產業受到重創，成了失業重災區。規模偏小的英國工業根本無法容納這麼多失業者，致使英國失業率急劇上升。

英國失業率大幅攀升，特別是金融業、房地產高薪白領精英大批失業，跟著又對英國零售業、旅遊業、餐飲業等其他服務業產生了連鎖衝擊。

這個過程也同時說明美國國民經濟中的資本流向非生產性的虛擬經濟領域的過程。2008 年美國金融危機爆發前，美國國民經濟中金融保險業和房地產業的比重已超過 20%，特別是金融業公司利潤占全部公司利潤的比例已高達 40%，但是同期製造業、建築業等傳統實體經濟部門的比重卻從戰後初期的 50% 下降到了 30% 以下；虛擬經濟和實體經濟失衡下的產業空心化成為美國經濟泡沫化和金融危機爆發的根源。正是因為「去工業化」對西方國家社會經濟帶來了巨大的傷害，才有了各個國家為挽救工業化頹勢而進行的「再工業化」。

去工業化到再工業化

顯然，製造業是經濟成長的發動機，製造業的成長可以在製造業內部和製造業以外的其他產業創造更多經濟活動，具有較高乘數效應和廣泛的經濟聯繫。製造業成長比其他產業相同規模的成長將創造更多的研發活動，而製造業創新活動對於推動生產率提高至關重要，生產率成長又是生活水準提高的源泉。因而當實體經濟尚不足以支援第三產業持久發展繁榮所必備的工業基礎時，去工業化就有待糾偏、重新回到再工業化軌道上來。

由美國次貸危機引致的全球金融危機，為發達國家再工業化提供了一個強烈的理由。在這個背景下，美、英、歐盟等一度「去工業化」的西方發達國家開始重新審視實體經濟與虛擬經濟的關係，紛紛將「再工業化」作為重塑競爭優勢的重要戰略，製造業的地位再次受到重視。

事實上，「再工業化」並非全新概念，最早由美國白宮高級顧問阿勒泰埃茲厄尼提出，韋伯斯特詞典（1968 年版）對「再工業化」的解釋則是：「一種刺激經濟成長的政策，尤其是在政府的幫助下，實現舊工業部門的復興和現代化，並支持新興工業部門的成長」。

而此次「再工業化」的政策內涵也不再停留於以往重振、「回歸」製造業的範疇，其實質作為是要發展以高新技術推進的高端、先進製造業，將製造業升級，從製造業的現代化、高級化和清潔化中尋找成長點，以此奠定未來經濟長期繁榮和可持續發展的基礎。為確保「再工業化」戰略順利實施，西方各國紛紛制訂政策並提出相關扶持措施，多管齊下破解「再工業化」進展中的難題，力圖透過政府干預重振製造業。

首先，西方各國在金融危機後相繼制定了引領製造業發展的戰略規劃，並將發展製造業升級為重要的國家戰略。

奧巴馬於 2009 年 12 月簽署《美國製造業振興框架報告》，將製造業視為美國經濟的核心，此後，美國政府著手制定《2040 年製造業規劃》，著眼於應對來自新興大國的長遠挑戰。2010 年 8 月，奧巴馬正式簽署《製造業促進法案》，在歷次《國情諮文》中，奧巴馬也多次以製造業作為振興經濟的切入點。

英國政府在 2008 年發布《製造業：新挑戰，新機遇》戰略報告，2009年又公布新的製造業發展戰略，提出占據全球高端產業價值鏈、搶得低碳經濟發展先機等戰略構想。2010 年，英國發布《向成長前進》戰略，概述在經濟復甦中起到發動機作用的產業和企業未來發展方向，再次指出充滿活力的製造業對英國十分重要。

2010 年，《歐盟 2020 戰略》中明確提出恢復工業的應有地位，使工業與服務業共同成為歐盟經濟發展的支柱；作為該戰略的重要組成部分，同年，歐盟還制定了工業發展新戰略，以鞏固和發展歐盟工業競爭力。薩科奇上任後提出法國工業新政，明確將工業置於國家發展的核心位置，並提出法國製造業產量的成長目標及具體措施。

其次，從各國發展「再工業化」的舉措來看，綠色、低碳成為振興製造業的主要方向。

美國不斷加大對新興產業的支持力度，力圖在新能源、基礎科學、節能環保和「智慧地球」等領域取得突破。奧巴馬上任後提出「綠色新政」，公布新的綜合性能源計畫，簽署《綠色能源與安全保障法案》、頒布《美國潔淨能源安全法案》，並透過稅收抵扣、政府資助、設立研發和製造中心等一系列措施，支持潔淨技術研發推廣，推動潔淨能源設備及產品的普及。《2009 年美國復甦和再投資法案》推出總額為 7,870 億美元的經濟刺激方案，其中可再生能源及節能專案、智慧電網等產業成為投資的重點。2009 年的《美國創新戰略》，再次提出政府將推動潔淨能源技術應用，計畫在智慧電網、再生技術方面進行大規模投資，同時支持發展先進車輛技術，確立美國在此領域的尖端地位。

英國則將低碳經濟作為第四次技術革命和未來發展的支柱產業。《英國低碳轉型計畫》中，計畫將 400 萬英鎊用於幫助製造業實現低碳化轉型；《英國低碳工業戰略》提出在政策傾斜、產品採購、教育培訓、標準化和資金投入等方面給予製造業全面支持；在《製造業：新挑戰，新機遇》的戰略報告中，英國政府提出要制定綜合性低碳產業戰略，匯集政府各方面的手段幫助製造業適應低碳經濟，重點是核能供應鏈、可再生能源設備和低碳車輛。在委託多家研究機構對低碳經濟產業化進行深度研究基礎上，英國政府制定《低碳產業戰略遠景》，提出英國應採取措施打造未來低碳基礎設施，讓英國成為全球低碳汽車開發和生產的領先者。此外，英國政府還採取一系列措施推動新能源汽車的發展，包括成立低排放汽車辦公室協調和簡化各部門政策；資助 1,000 萬英鎊支援開發先進高效電氣系統；啟動「聯合城市」計畫以協助各大城市部署充電站網路；公布「充電汽車消費鼓勵方案」，對購買符合條件的新能源汽車之個人或團體給予財政補貼。

　　《歐盟經濟復甦計畫》提出了實施「綠色夥伴行動」、「能效建築夥伴行動」、「未來工廠夥伴行動」、「歐洲綠色汽車行動」等系列計畫，並宣布 2013 年之前投資 1,050 億歐元發展綠色經濟。歐盟還透過排放權交易、能源稅、綠色政府採購等方式，重點推動製造業產品和過程實現「低碳化」。2009 年歐盟發布《歐盟交通道路電動化路線圖》（3.5 版），對歐盟電動車發展做出全面指導。德國在《2020 高科技戰略》中，重點推出包括電動車發展在內的 11 項「未來規劃」。為推動汽車產業低碳轉型，德國政府投入大量資金促進電動汽車的研發及其相關基礎設施的建設，此外還先後推出了「電動汽車國家發展規劃」、「混合動力汽車發展計畫」，成立「國家電動汽車平台（NPE）」，實施「能源創新和新能源技術研究專案」、「汽車和運輸技術交通研究專案」、「國家氫燃料電池技術創新專案」，以推動該產業的發展。為實現工業新政所設立的目標，法國政府重點支援新技術、新能源等領域，並在 2010 年財政預算法案中制訂 350 億歐元的「大額國債」計畫，安排 65 億歐元支援工業和中小企業，其中包括提供 5 億歐元的「綠色」貸款改善企業生產節能減碳改造，提高企業競爭力。

　　最後，在各國重振工業的努力中，科技創新被視為未來製造業持續發展的最主要推動力，各國紛紛擴大投入，以推動製造業的「智慧型」成長。

　　歐巴馬政府在《2009 年美國復甦與再投資法案》（America Recovery and Reinvestment Act, ARRA）草案中增加 133 億美元的科技投入，並頒布《美國創新戰略》計畫加大投資以恢復美國基礎研究的國際領先地位，歐巴馬也承諾未來十年間會對基礎研究加倍資助。目前，美國已經正式啟動的高端製造計畫包括：積極在奈米技術、高端電池、能源材料、生物製造、新一代微電子研發、高端機器人等領域加強力道，推動美國高端人才、高端要素和高端創新集群發展，以保持美國在高端製造領域的研發領先、技術領先和製造領先。美國政府還特別成立了製造業政策辦公室，協調官、產、學、

研各部門製造業政策的制定和執行，從人才培養、技術創新、稅收獎懲和貿易促進等多方面協同，推動製造業回歸政策、積極振興製造業。

此外，美國還加大科研基礎設施建設的投資力度：美國國家科學基金會獲得聯邦政府 2 億美元的財政撥款，以恢復和強化美國的科研基礎設施實力；美國能源部從美國經濟刺激和再投資法案中再撥付 3.27 億美元用於科學研究、基礎設施以及實驗室大型儀器設備的更新；美國商務部國家標準與技術研究則在經濟刺激計畫中獲得 3.6 億美元用於科研基礎設施建設。

英國政府在《製造業：新挑戰，新機遇》的戰略報告中提出，為支持製造業技術進步，政府對科研經費增加至 2010/11 年度的近 40 億英鎊，達歷史最高水準。英國技術戰略委員會繼續投入 2,400 萬英鎊用於與高端製造業的研究；2008 年 3 月發布的《創新國家》白皮書中指出英國政府將繼續支持「10 年科學和創新投資框架計畫」，增加技術戰略委員會經費；2008 年 5 月，在《聯繫與催化：2008 ～ 2011 年企業創新戰略》中，宣布 TSB 將連同相關部門在未來三年內投資 10 億英鎊，並吸引同等金額的私人投資；2009 年 6 月底，英國政府投資 1.5 億英鎊設立英國創新投資基金，並以此帶動私人資本，為初創企業和處於成長期的高技術企業提供 10 億英鎊的風險資本。

在 2008 年底召開的歐盟科研基礎設施大會上，歐盟一次增加了十個新的大型科研基礎設施，使歐盟科研基礎設施路線圖計畫中的建設專案增至七大類 44 項，建設經費總額達到 169.51 億歐元，年度執行費用 22.1 億歐元。德國政府在 2008 年 7 月啟動中小企業創新核心專案（Zentrales Innovationsprogramm Mittelstand, ZIM），為科研創新專案提供資助；2009 年，德國聯邦政府為「中小企業創新計畫」新增 9 億歐元經費投入，聯邦政府和各州政府為德國高等院校的科研基礎設施專案提供 1.74 億歐元專項。

德國科學基金會為大型研究儀器提供 8,500 萬歐元的聯邦經費。在德國《2020 高科技戰略》中，聯邦和各州政府一致同意至 2015 年，用於教育和科研投入占 GDP 的比重增至 10%。法國 2009 年大型科研設施預算增加 3.19 億歐元，與前一年相比增加幅度達 17%；法國政府還透過法國創新融資國營公司（OSEO）設立專項基金，重點支持中小企業的科研創新活動，並透過國家戰略投資基金（FSI），出資支持大中型企業的研發創新活動。

|5.2| 泛工業革命走向世界

泛工業革命是全球性現象，世界主要工業國家近年來都已經制定了相應的戰略措施。

▌德國：工業 4.0

走在前面的德國，在 2011 年德國漢諾威工業博覽會上率先提出「工業 4.0」，旨在透過應用物聯網等新技術提高德國製造業水準；可以說，這是德國應對最新技術發展、全球產業轉移以及自身勞動力結構變化的國家級戰略。

2013 年，德國聯邦教育與研究部（BMBF）與聯邦經濟技術部將「工業 4.0」專案納入了德國政府 2010 年 7 月公布《高技術戰略 2020》確定的十大未來專案之一，計畫投入 2 億歐元資金，旨在支援工業領域新一代革命性技術的研發與創新，保持德國的國際競爭力，確保德國製造的未來。

由梅克爾政府發起並在全球推廣的「工業 4.0」，希望重塑德國在工業領域的全球龍頭地位，亦為解決人口老化等問題的積極應對戰略。在這個高

度下，德國「工業4.0」戰略的根本目標是透過建立智慧生產網路，推動德國的工業生產製造進一步從自動化朝智慧化和網路化方向發展，側重借助資訊產業將原有的先進工業模式智慧化和虛擬化，重視智慧工廠和智慧生產，並把制定及推廣新的產業標準放在首要目標——即德國「工業4.0」的產業整合。

德國「工業4.0」戰略包括根據「數位—物理系統」的智慧工廠建設，以及生產製造單元與企業的採購、行銷、研發等各個價值鏈環節。同時與不同企業間互連構成更大、更高層次的智慧生產網路，再透過現代製造技術的突破和應用，進一步發揮德國在產品創新、資訊技術、高端裝備和複雜工藝管理等領域的優勢，提振德國製造業實力，並鞏固其在全球製造業的領先地位。

工業4.0的概念描述了由集中式控制向分散式增強控制的基本模式轉變，目標是建立一個擁有個性化和數位化產品與服務、高度靈活的生產模式；這是繼機械、電氣和資訊技術的前三次工業革命之後，物聯網和製造業服務所帶來的第四次工業革命。在這種模式中，傳統的產業界限將消失，也會產生各種新的活動領域和合作形式。創造新價值的過程正在發生改變，產業鏈分工亦將重組。

從消費意義上來說，工業4.0就是一個將生產原料、智慧工廠、物流配送、消費者全部編織在一起的大網絡，消費者只需用手機下單，網路就會自動將訂單和個性化要求發送給智慧工廠，由其採購原料、設計並生產，再透過網路配送直接交付給消費者。如果要用一個詞來概括這個概念，那就是「互聯工廠」——透過網際網路等通訊網路將工廠與工廠內外的事物及服務連接起來，以創造出前所未有的價值、建立新的商業模式，甚至還能解決很多社會問題。

從實質上看，工業 4.0 就是 IT 技術與工業技術的融合。智慧工廠和智慧生產讓用戶的個性定製化需求得以滿足，即使是一次性的產品也可以透過頗具收益的方式製造出來。在工業 4.0 中，對供應商而言，動態商業模式和適時業務流程使得產品生產和交付變得更加靈活，而且對於生產中斷和故障可以靈活反應。現在，工業製造在生產製造流程中已經能夠提供端到端的透明化，以促進選擇決策的制定；工業 4.0 將會發掘出創造價值的新方法，開發出商業新模型。

在工業 4.0 時代，網路技術、電腦技術、資訊技術、軟體將與自動化技術深度交織，發掘出新的價值模型。工業 4.0 智慧輔助系統把工人從單調、程式化的工作中解放出來，將精力集中在創新和加值服務（value-added service, VAS）上。靈活的工作組織形式使得工人們能夠更妥善、有效率地整合工作、私人生活與職業生涯發展。

透過實施「工業 4.0」戰略，德國工業企業既可以滿足消費者高度個性化的需求，也能夠對變化多端的市場和原材料供應變動做出及時反應與調整；西門子、SAP、Bosch 等大企業為提供網路平台技術展開了競爭。德國政府、產業協會等成立了指導委員會與工作組來推動工業 4.0 戰略，並且在標準、商業模式、研究開發與人才方面採取了一連串措施，例如：融合相關國際標準來統一服務和商業模式；建立適應物聯網環境的新商業模式，使整個 ICT 產業能夠與機器和設備製造商及機電一體化系統供應商更緊密聯繫合作；支援企業、大學、研究機構聯合展開自律生產系統等研究；加強技能人才培訓，使之符合工業 4.0 的需要。

▋美國：工業網際網路

美國是第三次工業革命的集大成者，在資訊技術的發展上遙遙領先全球。然而，近年來，雖然美國依舊在航空航太、晶片製造等先進製造業領域

占據全球領先地位，但其製造業內部空心化與全球市場市占率下降的現況已經很難透過簡單的政策調整或商業方式加以扭轉；同時，美國同樣面臨類似的人口結構問題，國際消費者對產品定製多樣化的要求也促使美國利用其在資訊產業方面的優勢對製造業進行改造。

美國於 2012 年啟動「先進製造業國家戰略計畫」，被稱為「再工業化」思維的全面闡釋。美國提出，發展先進生產技術平台、先進製造工藝及設計與資料基礎設施等先進數位化製造技術，核心是鼓勵創新，透過資訊技術重塑工業格局，啟動傳統產業。這種從 CPU、系統、軟體、網際網路等資訊端透過大數據分析等工具「自上而下」重塑製造業，與德國的從製造業出發、利用資訊技術等手段改造製造業的「自下而上」思維不同。

面對第四次工業革命，美國採取了「工業網際網路」的代表性措施，2012 年，美國工業網際網路戰略正式上升為國家戰略。工業網際網路涉及到根據機器、設備、集群以及網路而建構的廣闊物理世界，可在更深層次上與連接能力、大數據、數位分析進行密切結合，旨在對一系列關鍵的工業領域掀起工業網際網路革命，以成功達到轉型升級。

工業網際網路戰略的核心內容主要體現在資訊供應網路方面，而其技術模型主要涉及到網際網路技術、大數據、雲端運算以及寬頻網路等；依靠對製造領域的不同環節植入迥異化的感測器，不斷進行即時感知和資料收集，陸續對工業環節進行準確的有效控制，實現效率提高的最終目的。

美國的工業網際網路注重要素整合，尤其注重將網際網路的成果進行整合。工業網際網路主要涵蓋工業智慧型機器、高級分析、工作人員三大領域；智慧型機器要素是將機器、設備、網路等借助感測器、控制器、軟體應用程式進行有效連接，陸續推動「資訊」這個重要生產要素的高效整合；高級分析要素是對機器以及大型系統的運作方式進行整體掌控，讓資料為技術整合做好充分準備；工作人員要素主要是在不同工作場所建立好工作人員

的即時連接，進而達到更加智慧的設計、操作、維護、高品質服務與安全保障。

從工業網際網路的發展趨勢來看，一是製造業服務化：推動製造業從單純的產品製造轉為服務型製造；二是定製個性化：從規模化產品向個性化定製產品拓展；三是組織分散化：受網際網路陸續融合的影響，工業漸漸表現出組織分散的特徵；四是製造資源雲端化：數位科技公司建構工業雲端平台，逐步把設計、供應、採購以及製造等融合在某種平台上。

當前，美國的網際網路以及 ICT 巨頭已與傳統製造業大廠攜手，奇異（GE）、電信公司 AT&T、科技巨頭 IBM、英特爾（Intel）和通訊大廠思科（Cisco Systems）聯合成立了「工業網際網路聯盟」，美國、日本及德國等一百家企業及機構加入其中，共同商定物聯網標準化的基本框架以及分析應用創新實踐。

例如，GE 為了推動工業網際網路，於 2011 年成立了資料處理中心，作為軟體發展和推廣使用的基地，並與 EMC 等公司共同出資成立了 Pivotal 軟體公司，處理工業網際網路中的大數據管理業務，2014 年開始向外部客戶提供工業網際網路核心資料分析軟體「Predix」。

中國：中國製造 2025

身為製造業大國的中國尚未成為世界級製造業強國，發展時期上也處於「工業 2.0」和「工業 3.0」並行發展階段。中國製造的發展既沒有德國在傳統工業領域的雄厚基礎，也缺乏如美國般引領世界資訊技術發展的先進技術，此外，在製造業發展過程中還要解決產品品質提升、工業基礎能力強化、製造業升級轉型等基本問題。

為了應對第四次工業革命，2015 年 3 月 5 日，國務院總理李克強在政府工作報告中指出要實施「中國製造 2025」，加快從製造大國轉型為製造強國，令中國國內工業界倍感振奮，也受到國際高度關注。5 月 8 日，國務院印發「中國製造 2025」，全面部署推進製造強國戰略。

「中國製造 2025」堅持走中國特色新型工業化道路，以促進製造業創新發展為主題，以提高質量、增加效率為中心，以加快新一代資訊技術與製造業深度融合為主線，以推進智慧製造為主攻方向，以滿足經濟社會發展和國防建設對重大技術裝備的需求為目標，強化工業基礎能力，提高整合水準，完善多層次多類型人才培養體系，促進產業轉型升級，企圖培育出有中國特色的製造文化，實現製造業由大變強的歷史跨越。

身為人口大國，要建設製造強國，就要實現製造業大又強的目標：一是雄厚的產業規模，表現為產業規模較大、具有成熟健全的現代產業體系、在全球製造業中占有相當比重；二是優化的產業結構，表現為產業結構優化、基礎產業和裝備製造業水準高、戰略性新興產業比重高、擁有眾多實力雄厚的跨國企業及一大批充滿生機活力的中小型創新企業；三是良好的品質效益，表現為生產技術先進、產品品質優良、勞動生產率高、占據價值鏈高端環節；四是持續的發展能力，表現為自主創新能力強、科技引領能力逐步成長，實踐綠色可持續發展，並具有良好的資訊化程度。

為求順利實現，「中國製造 2025」動員全社會力量，制定了以「創新驅動、品質為先、綠色發展、結構優化、人才為本」為基本方針的戰略對策和行動計畫。

從創新驅動來看，中國積極建立智慧製造工程和製造業創新體系建設工程，加快推動新一代資訊技術與製造技術融合發展，將智慧製造作為主攻方向——著力於發展智慧產品和智慧裝備，推進生產過程數位化、網路化和智

慧化，培育新型生產方式和產業模式，全面提升企業研發、生產、管理和服務的智慧化水準。

同時，要建立以企業為主體、產學研緊密結合的技術創新體系。圍繞重點產業轉型升級和重點領域創新發展的重大共性需求，形成一批製造業創新中心，重點展開產業基礎和共性關鍵技術研發、成果產業化、人才培訓等工作。

從品質為先來看，德國在工業 2.0 的時候就解決了品質問題，中國要實施製造強國戰略，必須下定決心解決品質問題；強調新的技術革命對提高品質的促進作用，用工業 4.0 資訊化、智慧化的新技術、新方法更妥善解決品質問題。

例如，建立工業強基工程。基礎零部件、基礎工藝、基礎材料和產業技術基礎（統稱「四基」）等工業基礎能力薄弱，是限制中國製造業品質的癥結所在。要實施「工業強基工程」，就需要統籌推進「四基」發展、加強「四基」創新能力建設，推動整機企業和「四基」企業協同發展。

此外，中國還需要全面強化品質意識，提高品質控制技術，完善品質管制機制，推動先進的製造業標準，提升工業產品品質；建立品牌，製造擁有智慧財產權的名牌產品，持續提升企業品牌價值和中國製造的良好品牌形象。

從綠色發展來看，中國堅持把綠色發展作為建設製造強國的重要著力點，走生態文明的發展道路，從資源消耗大、污染物排放多的粗放製造轉向為資源節約型、環境友好型的綠色製造。包括擴大先進節能環保技術、工藝和裝備的研發和推廣，加快製造業綠色改造升級；積極推行低碳化、迴圈化和集約化，提高製造業資源利用效率；強化產品全生命週期綠色管理，努力構築出一個高效、清潔、低碳、迴圈的綠色製造體系。

從結構優化來看，中國堅持把結構優化作為建設製造強國的主要方向，大力發展戰略性新興產業，推動傳統產業向中高端邁進、生產型製造轉型為服務型製造，並優化產業空間布局、加強現代企業建設，培育一批具有核心競爭力的產業集群和企業群體。

推動製造業由大到強的關鍵在於高端裝備。要集中優勢力量，創新優勢領域和戰略必爭領域的裝備，實現新一代資訊技術產業、高檔數位控制機床和機器人、航空航太裝備、海洋工程裝備及高技術船舶、先進軌道交通裝備、節能與新能源汽車、電力裝備、農機裝備、新材料、生物醫藥及高性能醫療器械等十大領域的重點突破。

在以人為本方面，中國堅持把人才作為建設製造強國的根本，走人才為本的發展道路：加強製造業人才發展的統籌規劃和分類指導，建立健全科學合理的選人、用人、育人機制，改革和完善學校教育體系，建設和強化繼續教育體系，加快培養製造業發展急需的專業技術人才、經營管理人才、技能人才，建設規模宏大、結構合理、素質優良的製造業人才隊伍。

|5.3| 「燈塔工廠」：建立現代工廠

燈塔與航海密不可分。在大海上，燈塔是船舶航行的「指路明燈」，燈塔照料黑暗，保衛行船的安全。泛工業時代，也湧現了一批可以為泛工業指路，提供指導性範例的引路者，這些企業稱之為「燈塔工廠」。

「燈塔工廠」是泛工業時代的新角色，是「數位化製造」和「全球化4.0」的示範者，它們驗證了「生產價值驅動因素的全方位改進可以催生新的經濟價值」假設——不論是資源生產率和效率、靈活性和回應能力、產品上市速度還是滿足客戶需求的定製能力，都可以催生新的經濟價值。

　　「燈塔工廠」突顯了製造業的全球化特徵，例如，德國企業將工廠設在中國，中國的公司又將工廠設在美國。創新不分地區，也不分背景，從採購基礎材料到加工業再到解決特殊需求的高端製造商，行業千差萬別、包羅萬象；這也暗喻著各種規模的公司都有潛力在泛工業浪潮裡革新並交出不同凡響的成績單，不論是立足全球的藍籌企業，還是員工不到百人的本土公司。

　　「燈塔工廠」重視協作，向成千上萬的來訪者敞開大門，因為它們知道，協作文化帶來的益處遠超過競爭帶來的威脅；它們能為其他企業帶來靈感、幫助制定戰略、提高勞動者技能、與參與革命的其他企業展開協作，並且管理貫穿整個價值鏈的各種變化。

　　「燈塔工廠」之所以被視為「燈塔」，是因為它們在大規模應用新技術方面走在前沿，是智慧製造的標竿和先驅；因為它們將數位化和製造業深度融合，在業務流程、管理系統方面有著具體運用和實質性創新；更因為它們所探索的將「製造」提升至「智造」之共性規律，可以為其他業者提供寶貴的經驗並成為借鑒對象。

「燈塔工廠」誕生

　　「燈塔工廠」是成功將泛工業時代的製造技術從試驗階段推向大規模整合階段的工廠，並藉此獲致財務和運營效益。

　　2018 年，世界經濟論壇協同麥肯錫公司對一千多家來自全球各行各業的知名製造商進行了全面篩選，經過實地探訪和記錄，再由第四次工業革命專家委員會進行全面檢視，從中確立了 16 個「燈塔工廠」：包括拜耳（Bayer AG）、BMW、博世（Bosch）、丹佛斯（Danfoss）、UPS 參股的 Fast Radius、富士康、海爾、嬌生 (Johnson & Johnson)、Phoenix Contact、寶僑（P&G）、Rold、Sandvik Coromant、沙烏地阿美（Saudi

Aramco）、施耐德電機（Schneider Electric）、西門子和塔塔鋼鐵（Tata Steel Limited）運營的工廠。2019 年，全球「燈塔工廠」網路新添 28 名成員，2020 年世界經濟論壇宣布全球「燈塔網路」再增加 10 家燈塔工廠成員，成員總數上升到 54 家。

「燈塔工廠」是當今全球最為先進的生產場所，它們無一例外都克服了企業面臨的典型挑戰，例如從事過多的概念驗證、推廣速度過慢、缺乏跟技術有關的整合性商業案例、部署太多孤立解決方案、創造無數的資料孤島等，最終獲得了敏捷而持續提升的革命性影響。

「燈塔工廠」之所以成為「燈塔工廠」，離不開生產系統創新和端到端價值鏈創新。

生產系統創新是以現代化的運營擴大企業本身的競爭優勢，透過優化生產流程來提高運營效率和品質指標；通常做法是先在一個或少數幾個工廠進行試驗，然後逐步推廣。

顯然，透過提高生產率和靈活性來進行轉型，製造業可以實現普惠經融和全球利益，不過，對許多企業來說，要實現這些目標需面臨嚴峻挑戰。麥肯錫的研究表明，第四次工業革命技術在生產中的普及中，超過 70% 的工業企業仍然深陷「試驗困境」，只有 29% 的企業透過積極措施大規模部署了第四次工業革命技術，還有更多企業（30%）尚未進行先導試驗（pilot），或者才即將開始。

陷入試驗困境的工業企業不僅對於全面轉型「束手無策」，試驗的進展也十分緩慢，如果無法從試驗走向規模化，那麼轉型也將失去意義。造成這種局面的原因有很多，例如：缺乏長遠的數位化戰略，組織內部建設能力不足，規模擴張有限，沒有高層予以支援，欠缺業務部門主導及生態合作夥伴的賦能等。歸根究底，是企業沒有把這件事看成公司戰略層面的轉型。

泛工業的革命具有互連透明、智慧優化、柔性自動化三個特點。當我們討論泛工業時，討論的絕不僅僅是一個技術概念，也不是工廠層面的轉型，而是整個組織架構升級，是新工業時代的整體戰略布局。

如果要在泛工業時代脫穎而出、成功轉型，就不僅僅是落地幾個技術那麼簡單，而是要進行全盤考量。第一，轉型必須由業務部門主導推動；第二，要打破傳統理念，整合多職能的工作方法；第三，進行流程再造，並持續對員工進行培訓；第四，打造數位化執行引擎，從上而下推動組織的轉型；第五，建立可擴展的工業物聯網基礎架構；第六，聯合各領域的企業，建立技術夥伴生態圈。

端到端價值鏈創新透過改變運營經濟性，為企業創造新業務。它們將創新部署到整個價值鏈中，透過推出新產品、新服務、高度定製化、更小批量或更短的生產週期，為客戶提供全新或者改良的價值主張。企業會先在某一個價值鏈上實施創新和轉型，然後逐步將此執行經驗延伸至其他部門。

在端到端的價值鏈中，全球「燈塔工廠」網路的最佳數位化案例已經達到 92 個，囊括了供應網路對接、端到端產品開發、端到端規劃、端到端交付、客戶對接以及可持續性等方面。此外，與採用傳統運營系統的企業相比，「燈塔工廠」創建的全新運營系統擁有更高的投資回報率，競爭優勢顯著。

▍「燈塔工廠」打造

規模效益是打造「燈塔工廠」的關鍵。一隻 30 公克的小白鼠日常代謝率是 1 瓦特，而一隻 3,000 公克的貓日常代謝率也只需 32 瓦特，原因在於生物的體積變大後，生物利用能量的效率會提高，每個細胞每秒所需要代謝

的能量會愈少，因此代謝率無需增加 100 倍，只要提高 32 倍就夠了。這種因為尺度增加帶來的效率提升，就是規模經濟（scale economies）效益。

「燈塔工廠」之所以能在泛工業浪潮下走在前頭，正是在於其能夠學習且成功突破了「試驗困境」，取得規模經濟效益。「燈塔工廠」的規模經濟始於運營方式的改變，在整個轉型過程中，同時在業務流程、管理系統、人員編制和工業物聯網及資料系統四個方面進行重整，創新整個運營系統，透過逐步增加數位化工具來產生一加一大於二的效果。

成功規模化部署的關鍵在於將五大推動因素——敏捷製造方式、敏捷數位工作室、技術生態系統、工業物聯網以及可擴展的資料基礎架構——系統性地應用於生產過程的全價值鏈之中，並置於數位轉型的核心地位，以掌握泛工業時代下的生產獲利模式。

1. 敏捷製造方式

敏捷製造利用高度發達的資訊技術，透過快速配置各種可用資源，回應不斷變化的商業環境並及時調整產品結構，以最大限度滿足用戶多元化的需求。敏捷製造極富創造性地架構了一種企業的動態聯盟——虛擬企業，以便靈活快速地對市場變化做出積極的回應，使整個製造生產系統在技術、管理或人員、組織上都具備充分的柔性，尤其強調了組織的柔性。

為了實現敏捷製造，除了做到資訊整合和過程整合之外，還必須實現企業整合。企業整合就是針對特定產品選擇合作夥伴，組建企業動態聯盟，充分利用聯盟企業擁有的資源——設計、製造、人力——解決聯盟內的資訊整合與過程整合，將新產品快速推向市場。

企業依據敏捷原則反覆運算展開創新和轉型，以期實現規模化發展。敏捷方法能使組織持續展開協作，革新管理模式，預判技術上的局限，打破技

術瓶頸。對「燈塔工廠」而言，這意味著快速反覆運算、快速失敗和持續學習；他們要在兩周的衝刺內創造最小可行產品（minimum viable product, MVP），並針對多輪快速轉型捆綁使用案例（每輪快速轉型都會持續幾個月）。

2. 敏捷數位工作室

成立敏捷數位工作室能夠為開發團隊創造空間，讓其能以敏捷工作方式進行管理和運營。這種氛圍能夠廣納員工參與，並為企業內部所有層級的創新提供支援；讓轉譯員、資料工程師、ERP 系統工程師、工業物聯網架構師和資料科學家共處一室是保持敏捷的必要條件，產品經理和敏捷導師的指導同樣不可少，這種搭配能夠快速交付結果，並實現快速反覆運算。

舉聯合利華杜拜的個人護理工廠（Unilever Dubai Personal CareSite, DPC）為例，它就透過改善成本和客戶回應能力確立了自身的競爭優勢。該工廠致力於打造一個敏捷的數位工作室，期望在極短時間內創造價值；此舉在幫助 DPC 發掘成長潛力的同時，也改善了成本和客戶回應能力。此外，它還加快工作流程重組，使其著重於賦能、可持續性以及與業績直接相關的價值創造。

不過，工廠管理層意識到，部署眾多協力廠商解決方案將帶來諸多挑戰，企業成本也會承受不少壓力，因此他們很快就組建一個內部團隊，其中，一名前工藝工程師被任命為數位專案負責人，團隊成員包括一組工程師和技術人員，他們同時會繼續履行原有職責並參與這些專案。團隊開發和交付的許多應用程式能夠左右工廠操作人員的日常安排，因而過程中整個團隊都嚴格遵循下述原則：所有應用程式都依據共用的資料湖，使用開源平台設計，提供直觀的使用者介面，並且盡可能採用行動技術進行開發。

在這個過程中，DPC 還與一些初創企業建立合作關係。身為 DPC 的後勤部隊，這些初創企業會根據工廠的需求靈活調整解決方案。例如，該工廠的運維團隊就與一家初創企業合作，打造了一個易於使用但功能強大的雲端運維管理系統，這套軟體的部署成本不高，且訂購成本極低。原因在於 DPC 數位化歷程的推動因素都無需大量資金投入，如對接合適的資源、面對日常挑戰部署與維護大量內部解決方案等。真正的投入源於員工，他們滿懷激情、齊心合作，共同致力於開發創新解決方案。

3. 技術生態系統

技術生態系統由一系列受技術支援的各種關係組成，意思是指，包括資料共用在內的新型協作均建立在數位化基礎設施之上。領先組織正在增加合作夥伴數量來增高本身的能力，而這些關係之所以獨一無二，是因為企業彼此間交換龐大資料，並在技術平台上展開協作來促進交換和消費；相較於將技術解決方案和資料作為競爭優勢的傳統觀念，這種轉變效益可圈可點。

「燈塔工廠」深知網路效應的益處，其與供應商以及各行各業的合作夥伴都展開了這種合作，形成新型態的開放式協作關係，進而打造技術生態系統。

4. 工業物聯網

發展和採用物聯網技術是實施智慧製造的重要一環。雖然製造企業已經實施了幾十年的感測器和電腦自動化，但是這些感測器、可程式設計邏輯控制器和層級結構控制器與上層管理系統多半是分離的，而且是依據層級結構的組織方式，系統缺乏靈活性。由於是針對特定功能而設計的，各類工業控制軟體之間的功能彼此獨立，且設備各自採用不同的通訊標準和協定，使得各個子系統之間形成了自動化孤島。

而工業物聯網採用更加開放的結構以支援更廣範圍的資料共用,並從系統整體的角度考慮全域優化,支援製造全生命週期的感知、互連和智慧化。系統架構方面,工業物聯網採用以服務為導向的可伸縮分散式結構,製造資源和相關功能模組經過虛擬化並抽象為服務,透過企業服務匯流排提供製造全生命週期的業務流程應用。工業物聯網各子系統之間具有鬆耦合、模組化、互通性和自主性等特徵,能夠動態感知物理環境資訊,採取智慧行動和反應來快速回應用戶需求。

惠普(HP)的客戶 Texmark Chemicals 在美國德州加利納公園(Galena Park)經營一家煉油廠,該廠是全世界最大的 DCPD(雙環戊二烯)生產商之一;此外,它還是一家收費製造商,為簽約客戶生產專用化學品。

Texmark 是化工產品供應鏈的重要一環。由於經常會用到受嚴格監管的危險品,因此安全是 Texmark 的第一要務,而工業物聯網對 Texmark 而言,就是實現員工安全、生產和資產管理系統的關鍵所在——要求 Texmark 將傳感裝置與先進分析軟體結合起來產生見解(insight),以實踐環境自動化,降低人為錯誤帶來的風險。

物聯網需要強大的聯網能力,以此透過各種物聯網設備收集資料,但這種聯網能力必須具備成本效益,而透過有線的方式將整個工廠接入網路的成本又奇高;除此之外,Texmark 工廠安裝的所有技術都必須嚴格控制,並達到公司的安全運營標準,在 Texmark 周邊執行的設備也絕不能成為火源。另一項大挑戰,是解決資料的延遲問題;傳輸資料需要時間,而物聯網的傳輸時間通常以秒計算,因此 Texmark 需要一套無需傳輸設備資料的物聯網架構。

為了應付這些挑戰、獲得物聯網架構的優勢,Texmark 遂決定多期開發,部署一套端到端物聯網解決方案。

一期和二期專案透過實現「邊緣到核心」（edge-to-core）的聯網奠定了數位化基礎。部署無線解決方案的成本大約是有線網路的 50%，為了進行邊緣分析，Texmark 部署了一套工業化解決方案，在邊緣提供企業級 IT 能力；另外，Texmark 對其工廠控制室進行了升級，實現了「邊緣到核心」的無縫連接，也將它的運營技術與 IT 整合到同一個系統中。三期專案就在這些技術方案所建立的基礎上繼續發展，為 Texmark 的使用案例提供支援，這些使用案例包括：預測性分析、高級影片分析、安全和安保、互連員工以及全生命週期資產管理。

據工廠經理 Linda Salinas 介紹，其物聯網架構不僅可以篩檢資料，還能揭露整個工廠的互連狀況，它就像一個有生命、會呼吸的工廠，它知道應該如何運營，遇到問題它會自動標記，以便適時進行干預。

5. 可擴展的資料基礎架構

打造「燈塔工廠」，需要將現有的 IT 系統重新設計並更新新一代的技術功能，確保所選的工業物聯網架構具有足夠的適應性並經得起未來的考驗。雖然早期使用案例仍可應用於傳統的 IT 基礎設施上，但大多數老舊設施並不能滿足高級使用案例對延遲性、資料流程和安全能力的要求。許多傳統企業表示，他們本身沒有準備好迎接更高級的使用案例，所以對於推遲 IT 與資料架構的現代化進程似乎也覺得無所謂。

而列入「燈塔工廠」名單的工廠則採取了不同做法，他們深知速度的重要性，也明白打破耗時較長專案帶來的技術隔閡、為員工提供幾周內就能完成創新的基礎設施至關重要，因此在數位轉型的早期階段（甚至在數位轉型之前）就部署了這種架構，以便在整個組織中實現指數級擴展速度。

Fast Radius 是一家美國積層製造公司，它將強大的數位化後台辦公與數位規劃相結合，打造可擴展的資料基礎架構，在各職能部門之間打造資訊透明，進而解決效率低下的問題。

該分析平台能夠收集整個製造過程的數據資訊，並利用多種機器學習演算法來為價值鏈的所有環節提供特定回饋，這樣就能尋找並解決不同職能部門的根源問題。該平台十分靈活，透過所有工廠感測器之間的開放通訊協定和中央雲端資料儲存就能辦到；這種資料反饋迴路能夠促進設計方案改善，進而逐步減少品質問題和返工次數。此外，應用數位孿生技術能夠實現遠端生產的目標，其覆蓋面已經擴展到所有工廠，這有助於為特定的工廠分配特定的任務，同時優化物流和產能；自實施以來，Fast Radius 的庫存下降了36%，產品上市時間更縮短了 90%！

|5.4| 洞察「燈塔工廠」

‖ 寶僑 Rakona：成本領先型成長

寶僑旗下的 Rakona 工廠是成就斐然的「燈塔工廠」。Rakona 工廠代表了大型跨國公司，其工廠和集團均部署了泛工業的製造技術群和製造模式群。

距離布拉格 60 公里的 Rakona 工廠成立於 1875 年，擁有悠久的建廠歷史。在共產主義時期，該工廠曾經是國有資產，後於 1991 年被寶僑收購；這裡每天可以生產約 400 萬瓶洗碗精／粉及織物增強劑。隨著人們對洗滌產品的需求從乾粉轉向液體，在 2010 至 2013 年間，寶僑的銷售額大幅下

滑。儘管面對著經濟壓力和各種不確定性，Rakona 工廠還是希望打造一個有彈性並且可持續的未來。

面對挑戰，Rakona 工廠啟動了新專案，以期大幅壓縮成本、吸引新業務。專案的實施使得工廠成本不斷降低，需求也逐漸攀升，到了 2014 和 2016 年間便決定擴張；而要成功擴張，就需要擁抱數位化和自動化，透過泛工業的賦能來預測及解決新興需求。

雙因素推動

Rakona 廠的廠長 Aly Wahdan 曾表示：「我們亟需開發有吸引力的解決方案。我們會在工廠內積極探討此願景，將所有員工納入這場創新之旅，透過最小化損失來提升競爭力。」基於此，Rakona 工廠在利用外部數位環境以及提高員工技能水準兩個核心推動因素的支持下，成功展開了泛工業的創新。

在利用外部數位環境方面，Rakona 的領導層發現，內部團隊缺乏促進第四次工業革命創新的必備技能，因此採取了對應措施——他們以多種方式從外部獲取數位化和自動化知識，包括與布拉格的大學建立直接聯繫、與創業公司展開合作，並且透過學生交流專案讓受過數位教育的學生與 Rakona 員工並肩工作。

對於提高員工技能水準來說，Rakona 工廠開發了一個對全體員工開放的專案，旨在加深他們對資料分析、智慧型機器人和積層製造等新技術的理解，拉近員工與這些技術的距離。透過這種方式，員工習得了一些專業技能，諸如「網路安全主管」這樣的新職位也得以建立。這種「拉」的方式有別於自上而下實施「推」的做法，是打造包容性創新文化的關鍵，其目標是讓整個組織百分百參與數位轉型。

五大使用案例

　　事實上，所有的「燈塔工廠」對使用案例的挑選各不相同，但他們都能從中獲益。對寶僑的 Rakona 來說，前五大使用案例分別是數位化方向設置、製程品質檢驗、通用包裝系統、端到端供應鏈同步，以及建模和模擬。

　　數位化方向設置是一套數位化績效管理系統，在技術和管理系統中都可產生影響，它既能解決資料收集流程艱難且耗時的問題，又能避免根據不精確的資料點來制定決策的情況發生。數位化方向設置工具會直接在生產車間的觸控式螢幕上顯示即時 KPI，讓使用者得以在多個層面研究資料，以便理解績效背後的推手，並找出造成偏差的根本原因。

　　此外，該系統還可以用於調度和追蹤一線員工，這樣一來，整套系統的執行就會更為嚴格，其流程可靠性和整體設備效率（overall equipment effectiveness, OEE）也會得到提升。採用高頻測試和反覆運算的敏捷開發方法後，整個工廠都能成功實施數位轉型。

　　製程品質檢驗可以解決過去人工取樣過程中的舊有問題。過去的做法無法保證同一批次的產品每一個品質都達標，後期如果發現偏差，就必須將整批產品報廢和返工。此外，製程品質檢驗還解決了跟實驗室分析有關的產品發布推遲問題。

　　當前，Rakona 的品質檢驗是根據多種資料展開的即時分析。這些資料源於多個感測器，它們會監控 pH 值、顏色、黏度、活動程度等資訊，如果發現偏差，對應的生產線就會停工，一線員工會查明批次品質並撰寫報告。這套系統由寶僑開發，是業界首款此類系統；在 IT/OT 整合之下，寶僑首先在新生產線上對其進行測試，接著再向整個系統推廣。此外，減少了重複性手工勞動後，員工也更為輕鬆，就結果來看，返工和投訴比率減少了一半，

報廢和品質檢測也大幅減少。由於實現了零時產品發布，產出時間縮短了 24 小時，如今所有生產線上都已部署了該使用案例。

對於通用包裝系統來說，Rakona 開發了名為 UPack 的統一包裝系統，即便生產線處於運作狀態，也能輕易實施任何配方變化；而在過去，是必須生產線徹底停工才能完成轉換，這就意味著一線員工需要花費很多時間在手動設置機器和等待上。

這套在寶僑集團開發的系統，現已部署到所有包裝生產線上。該系統完全整合了感測器、攝影鏡頭、掃描器和包裝材料，可以檢視和驗證每個區域的現狀。不同於紙質數據記錄模式，UPack 採用的是自動化生產線檢查技術，這樣包裝生產線的每個區域都能處於不同階段（例如啟動、生產、空載或轉換）；根據系統儲存的配方資料和製程質檢，Upack 還能自動配置機器。有了這個系統，可大大減少最令一線員工苦惱的交接任務，交接時間也縮短了 50%，最小訂單量更降低了 40%。

端到端供應鏈同步則包括每次活動結束後過量產品的報廢、庫存資本約束、上市速度緩慢，以及艱難而費時的手動供應鏈分析。寶僑依據不斷變化的使用者需求不斷對產品進行改良，最終才有了端到端供應鏈同步這個全球化工具；它被應用於工廠管理層面，每個部門都會使用，並與中央規劃團隊進行協調。寶僑會利用這個網際網路工具進行分析建模和模擬，以便清晰觀察供應鏈的端到端情況，並透過模擬不同情況下整個供應鏈的狀況，識別出問題所在，進一步提升供應鏈敏捷性。該工具能夠在每個節點顯示供應鏈全資訊，並深入分析和優化每個產品和生產線，還能在不同工廠和生產線之間起對標的作用，以便相互比較。將這套工具應用於所有產品和生產線後，三年間庫存減少了 35%，庫存效率在前一年提升了 7%；它還減少了退貨和缺貨數量，改善了新產品推出後的上市速度。

建模和模擬能夠了解生產線調整可能帶來的影響、減少生產設置的測試成本，進而在運營前就識別出新產品缺陷，避免高昂的糾錯費用。這個使用案例涉及多種大規模使用的描述性和診斷性建模應用，以及部分預測性先導模型建立應用，上述建模應用都以達到規範性建模能力為目標。樣本建模應用包括新產品發布的相關製造產出（例如，向生產線推薦 SKU 分配、儲存罐數量）、選擇最佳傳送帶速度、確定理想包裝尺寸、在真正執行之前模擬生產線的變化、提前預測失敗以及識別根源未果；直觀的模型和工程師的操作性是重要的推動因素。這種方法能夠一開始就避免失敗，得到改良產品設計、提煉問題陳述，優化測試方法的好處。

在這樣的創新模式之下，三年內 Rakona 做到了生產率提升 160%、客戶滿意度增加 116%、客戶投訴減少 63%、工廠整體成本下降 20%、庫存降低 43%、不合格產品減少 42%、轉換時間縮短 36%。目前，Rakona 仍持續向更宏偉的目標進展。

▌義大利 Rold：小規模，大未來

義大利的 Elettrotecnica Rold Srl 代表了「燈塔工廠」的中小企業，它成功在一個工廠中部署了不同泛工業製造技術和製造模式。Rold 是一家只有 250 名全職員工的中小企業，專門生產家用電器（如洗衣機、洗碗機），它在切羅馬焦雷的工廠是一家非常小型的組織，但透過大規模應用數位化製造技術後，其生產率和品質得到極大提升。這就表示，即便投資規模有限也可以借助現成的技術，與技術提供商和高等院校合作來展開泛工業的創新；例如，Rold 就只聘用了三名程式設計師。

在進行數位轉型之前，Rold 因為產能無法滿足日益成長的國際客戶需求而面臨巨大壓力，除此之外，工廠也存在其他一些問題，包括難以看清本身實際表現，以及透過非集中化的方式用紙本記錄資料，一線員工需要花費

大量時間手動製作報告，而且大部分的業務決策都是透過假設和經驗進行，嚴重影響運營效率。在這樣的背景下，Rold 公司展開了數位轉型。

Rold 透過改變管理和溝通方式來實踐——借用一系列以轉變組織思維和提高技能水準為重點的專案，公司在人力上展開投資，促使他們得以踏上數位化之旅。在這個過程中，Rold 必須在員工中培養一種包容並蓄的共識，讓他們認識到在生產車間使用數位化技術可以產生巨大的機會。

公司鼓勵供應商、客戶、高階管理人員和一線經理參加產業相關活動，此外，Rold 還跟設計師、工程師、員工和外部研究人員等不同族群進行一些指導互動，關注在問題解決、創造力、變革管理、溝通和創新等問題上。同時，Rold 還與各行業及創新夥伴建立了關係，並與國際大學和協會代表展開聯繫；例如，與中學和大專院校合作設立技術實習模式、跟國內外大學展開合作、讓員工參加國際培訓和相關會議。

在組織和治理方面，Rold 致力於讓各部員工掌握必備技能以推動創新，包括讓軟體開發者和電氣工程師學會建模、開發和實施物聯網應用，並讓工業工程師掌握數位化整合技能；這些措施可以與董事會批准的數位轉型專案相輔相成，還能讓組織內部各級別員工都能接受全面泛工業的到來。

在製造技術的應用方面，Rold 首先對機器警報進行整合、確定優先順序，並用資料分析來解決問題提升整體設備效率（OEE）。因為一線員工能夠查看機器的具體故障資訊，還能在智慧手錶和互動顯示螢幕上自定義警報。

其次，使用數位儀錶盤監控 OEE 有助於即時監控分布在不同工廠的生產資源，讓一線員工能夠找到停工故障的原因。

其三，Rold 依據感測器的製造業 KPI 報告能讓任何類型的生產機器完成數位化，同時還能即時收集生產資料，用於建構動態的互動式儀錶盤。

其四，Rold 的成本建模可用於決定獨立製造還是對外採購，這種方式可將生產車間物聯網設備收集的細微資料與商業智慧工具結合起來，藉此增加 Rold 成本模型的精度。

最後，Rold 還透過 3D 積層製造快速設計原型縮短了新產品推出後的上市時間，貢獻了幾項創新，不但加強與大學之間的關係，並獲得用於研究專案的經費，使得 Rold 在此領域取得的進展榮獲了「2018 伊萊克斯創新工廠獎」。

一系列的製造技術以及製造模式的創新，證明了 Rold 實現財務和運營革新；在 2016 ～ 2017 年間，Rold 公司的總營收成長了 7 ～ 8%，其背後推手正是高達 11% 的 OEE 成長。

▍中國海爾：工業交流平台

海爾集團創立於 1984 年，三十多年來持續穩定發展，已成為享有較高美譽的大型國際化企業集團。其產品從 1984 年的單一冰箱發展到擁有白色家電、黑色家電、米色家電共 96 大類、15,100 多個規格的產品群。

身為世界第四大白色家電製造商、中國最具價值的品牌之一，海爾在全球三十多國建立了本土化的設計中心、製造基地和貿易公司，全球員工總數超過五萬人，已發展為大規模的跨國企業集團。

2007 年，海爾集團全球營業額 1,180 億元，旗下冰箱、空調、洗衣機、電視機、熱水器、電腦、手機、家居整合等 19 個產品被評選為中國名牌，已成功躋身世界品牌行列，影響力正隨著全球市場的擴張而快速上升。2007 年，海爾在中國家電市場的整體市佔率超過 25%，位居第一。

以使用者需求為驅動

在泛工業革命浪潮下，海爾借助數位化技術將用戶體驗與日常運營緊密連接，於 2016 年建造了具有中國自主產權、引入使用者全流程參與體驗的工業網際網路平台 COSMOPlat（www.cosmoplat.com），該平台以使用者需求為驅動，透過使用者參與從需求互動、產品設計、產品生產和服務的全流程，實現「產銷合一」的大規模定製模式。

首先，COSMOPlat 聚集大量使用者的有效需求，吸引了設計師、模組商、設備商、物流商等資源，形成強大的使用者和資源優勢；如開放創新子平台可實現使用者和專家社群、研究機構、技術公司等創新互動，提供一流創新解決方案；智慧智造子平台可實現使用者和設備商、製造商等訂單互動，做到過程透明化。

其次，身為擁有三十多年的製造業實踐的跨國公司，海爾覆蓋互動定製、開放研發、數位行銷、模組採購、智慧生產、智慧物流、智慧服務等七大業務環節；因此，COSMOPlat 將使用者需求小資料與智造大數據沉澱為可複製的機理模型、微服務和工業 APP，有助提高企業升級的效率。

最後，COSMOPlat 平台的服務能力能夠說明驅動使用者的智造能力，平台具備從標準化、模組化、自動化、資訊化及智慧化整套升級能力，使人、機、料互連互通，實現使用者定單驅動的單批量為 1 的生產；二來平台服務具有產業鏈整合能力，透過聯合企業上下游的設計、智造、服務資源，形成定製產品到定製服務的生態能力，例如，實現了房車客製化到智慧行駛客製化的升級。

總體來說，COSMOPlat 讓消費者能夠設計和訂購一款量身定做的產品，客戶績效監控器會即時監控資料來分析產品績效，並向製造商上報所有惡化訊息。如果有客戶就產品問題聯繫海爾，資料引擎會從客戶的產品序號

中檢索出性能資料，以此來判定導致該問題的根本原因並採取行動，有助於追蹤責任。若是車間工人的失誤導致故障，車間獎金系統則會將其加入個人記錄；若是零件故障，則會檢查組件性能以確定合適的解決方案，防止後續問題發生。COSMOPlat 成效十分顯著──產品品質提高 21%、勞動生產率上升 63%、交付週期縮短 33%、員工對客戶績效的監控能力更增加了 50%。

基於開放的多邊共創共用生態理念，海爾聚集了 390 多萬家供應商，連接了 2,600 多萬台智慧終端機，為 4.2 萬家企業提供了資料和增值服務。COSMOPlat 解決方案已成功複製到電子、裝備、汽車等行業，並主導制定了大規模定製國際標準，協助各大企業轉型升級。

在增值需求和分享機制驅動下，COSMOPlat 自我擴展的生態持續成長，形成了生態引力與各方資源持續投入；為更大範圍的複製推廣成熟的技術和模式，目前 COSMOPlat 大規模定製模式已複製到 11 個區域和 20 個國家。

COSMOPlat 的大規模定製

COSMOPlat 大規模定製解決方案，覆蓋了七大環節。

- **使用者互動解決方案**：從有限選購到無限共創，讓使用者成為設計師。根據使用者多元互動社群，將使用者零碎的個性化需求歸納整合、不斷反覆運算，讓使用者評審選出最符合需求的方案，並透過虛實整合技術驗證可行性，從起點即確保企業製造的「高精度」。

- **反覆運算研發解決方案**：從封閉式到開放式，讓世界成為平台研發部。以遍布全球的研發中心為觸點，連結全球 320 萬一流創新資源，透過需求的定義及發布、搜尋與匹配模組、專案對接模組、協商支援模組等服務，為企業轉型提供創新資源支援。

- **精準行銷解決方案：**從為產品找顧客轉而為使用者找產品，精準對接。根據 SCRM 社群客戶關係管理以及使用者社群資源，實現需求資料化、業務資料化、資料並聯化，將資料進行建模分析，產生使用者輪廓（persona）與標籤管理，打造千人千面的精準行銷術，為企業提供使用者產品需求預測到使用者場景預測的服務。

- **模組採購解決方案：**從零件採購到模組採購，讓供應商參與前端設計。零件商變為模組商，從按圖紙提供零件轉變為互動使用者提供模組化方案；企業從封閉的零件採購轉型為開放的模組商並聯互動體驗平台，由內部評價轉變為使用者評價；雙方的關係由博弈轉變為共贏，由買賣關係轉變為利益攸關方，協助企業完成供應商按需設計、模組供貨。

- **智慧製造解決方案：**從大規模製造到大規模定製，讓使用者參與製造過程。透過 COSMOPlat-IM 模組，使用者訂單直達工廠，透過手機、電腦可進行製造全過程線上進行、品質過程的資料透明、可追溯，讓使用者深度參與製造過程，提高製造環節的精度、品質和效率。

- **智慧物流解決方案：**從工廠到使用者家中，實現訂單直送、按照不同需求配送包裝。提供智慧雲端倉庫方案、幹線集配方案、區域視覺化配送方案和最後 1KM 送裝方案等，實現物流從訂單下達到訂單閉環的全程視覺化，以使用者評價驅動全流程自我優化。

- **智慧服務解決方案：**從維修服務到智慧服務，讓服務成為價值創造點。做法是，一，產品智慧化後可持續為使用者提供生態增值服務，如冰箱可提供食品農殘檢測、推送健康食譜等增值服務；二是在雲端資料的支援下，完成自我診斷、自我回饋、自行報修的設備遠端維修保養服務，並支援企業透過使用者的使用資料，驅動產品持續迭代。

基於此，COSMOPlat 在全球建了 11 個互聯工廠，達成 71% 的不入庫率。透過對外輸出社會化能力，賦能衣、食、住、行、養等 15 種類別的產業生態，為全球使用者帶來美好生活體驗。COSMOPlat 領頭制定了大規模定製模式國際標準，是中國企業首次主導製造模式的國際標準，其賦能的互聯工廠被世界經濟論壇遴選為全球首批燈塔工廠，中國僅此一家，為全球製造業轉型升級樹立了新的標竿。

「犀牛工廠」：數位化新製造模式

2020 年 9 月 16 日，阿里巴巴打造的全球第一個新製造平台——犀牛智造——正式亮相。這是一個已經保密運作了三年的數位化智慧製造平台，以中小企業為導向，率先切入服裝產業，並已與兩百多家淘寶中小商家試驗性合作；當天，阿里巴巴新製造「一號工程」犀牛智造工廠也在杭州正式投產。在 2020 年世界經濟論壇宣布「全球燈塔網路」新增的十家燈塔工廠成員中，阿里巴巴新製造平台「犀牛智造」赫然在列。至此，在全球的 54 家燈塔工廠中，阿里巴巴成為唯一「跨界」上榜的科技公司。

犀牛製造五大核心

第一，需求大腦。傳統的製造業合作流程，一般是品牌商本身透過自己的經驗預判市場，對產品各項指標進行決策。以服裝產業為例，需要預判服裝的款式、材料、流行色、產量等等，在對各項指標進行決策後，品牌商把新產品的設計、要求與工廠對接，工廠根據要求進行生產，生產完畢後再交給品牌商去銷售。

這就是傳統以產定銷的模式——根據預定的產量去制定銷售計畫。在這種模式下，品牌商的風險與不確定性比較大，一旦預測失誤，會出現兩種情況：一種是高估市場，則產品銷售受阻，產生大量庫存壓力，成本高築，

現金流吃緊；另一種是低估市場，產品很快銷售完畢，但是供應鏈產能跟不上，傳統工廠無法及時回應訂單需求，造成缺貨空檔期，對品牌產生損害，不過這種情況還是要比高估市場的情況來得好。

而犀牛智造依據阿里巴巴龐大的購物大數據資料庫，進行大數據分析預測，進而為合作商家提供未來產品的銷售趨勢，以資料預測來代替品牌商的主觀預測，提高預測準確度。品牌商透過對經營專案的預測，把需求訂單發至犀牛智造，就完成了從「以產定銷」到「以需定銷」的模式轉變，能夠最大限度減少品牌商的庫存與現金流壓力。

第二，數位工藝地圖。傳統的服裝製造溝通模式，一般是先由品牌商的設計師畫出設計圖稿後再由工廠進行打樣，在此基礎上進行打磨，最終確定樣品形式。接下來開始進行小規模試產，考察產品的流水生產線作業能力，確認成品率之後才開始大規模生產。

犀牛智造官方宣傳採用 3D 模擬設計，透過數位化模擬技術，大幅度完成設計對接工作，降低線下人工的溝通成本。事實上，這種 3D 模擬在裝備製造業已經非常普遍，ANSYS、pro-e 等軟體都具備運動模擬、性能模擬等多種功能；但這是對於裝配公差、動力學等要求較高，試驗成本較大、試驗週期長才導致需要模擬來驗證，而模擬軟體用在服裝產業，成本是否可以小於試製成本並且表達出真實的效果，仍值得商榷。

第三，智慧調度中樞。智慧調度中樞的優化主要體現在流水線生產端，傳統的服裝工廠流水線的設置是「直線型」，其衣服的吊掛是單向流轉，因為工廠工人的工作效率差異化，很容易造成流水線擁堵問題。例如，上一個環節給衣服印花速度很快，但到了下一個縫扣子環節速度變慢，就造成大量衣服堆積在縫扣子環節，產生堵車現象。況且，即使在縫扣子環節，每個工人的速度也不同。

犀牛智造官方宣傳採用全域計畫統籌，智慧優化匹配產能。其落地方案是，拋棄以往的「直線型」單向流水線作業模式，採用「蜘蛛網」式吊掛設備，透過後台的人工智慧技術和物聯網技術，將產能自動分配到產能空餘的工位，這樣能夠大大提高生產效率；從工人薪酬分配上來講，也更能體現「多勞多得」，提高工人單效。

第四，區域中央倉供給網路。傳統的工廠在與品牌商溝通之後，由工廠或者品牌商去尋找相匹配的原材料供應商，然而，這種傳統模式有其弊端：一是尋找供應商的時間成本和管道成本，行業魚龍混雜，在偌大的原材料市場裡要找到 CP 值高的供應商，難度較大；二是傳統工廠一般有長期固定合作的原材料供應商，有穩定的利益關係，品牌商很難撼動這塊利益關係，最終選擇向工廠妥協，在產品呈現度和成本把控上會有所犧牲；三是傳統工廠的原材料種類與品質有限，無法完全滿足品牌商的原材料需求；四是產業採購潛規則盛行，以濫充好、中途換料、吃回扣現象普遍，品牌商在流程環節上無法嚴格把控，就會產生較高的隱性成本。

區域中央倉供給網路相當於給原材料預定、銷售端起到信用背書的效果，在某種程度上搭建了原材料採購的交流平台。顯然，建構以 B 端為導向的原材料溝通與銷售平台非常必要，有阿里巴巴平台背書，必然會減少許多中間商的差價，同時可以透過資料分析提供一部分採購、備料參考，這將有利於解決原材料供給端的問題。

第五，柔性智慧工廠。傳統的工廠為了提高利潤率和規模化效益，將主力瞄準大品牌商客戶，因為大訂單意味著產能穩定、道德風險小；而中小品牌商訂單小、道德風險高，一旦出現現金流危機，傳統工廠很難收回剩餘尾款，因此，大部分傳統工廠對中小品牌商不太熱情。

而根據犀牛智造的官方宣傳，犀牛製作可以做到 100 件起訂，最快七天交付成品，這對於中小品牌商的生產痛點，無疑是有利的。傳統的製造工廠一般 5,000 件、上萬件起訂，不同的起訂額度對應著不同的產品單價，中小品牌商一般處於風險考慮以及對市場的不確定性，不敢大批訂購。犀牛智造把合作門檻大大降低，有利於中小品牌商在發展初期穩健發展；其首批合作的品牌商就是淘寶的兩百個中小商家，未來還會繼續拓展。

犀牛工廠適配服裝產業

在 2020 年 9 月 17 日晚，世界經濟論壇首次全球燈塔網路年會上，阿里巴巴集團董事會主席兼首席執行官張勇表達了他對新製造的觀點：與阿里巴巴的價值起點一脈相承，「我們做新製造的起點是客戶需求」。

「燈塔工廠」被視為第四次工業革命的領導者，由世界經濟論壇及麥肯錫從全球上千家製造企業中考察遴選出來，期待「燈塔工廠」作為領軍企業為全球製造業設定新基準，共同照亮全球製造業的未來。三年來，BMW、施耐德電機、沙烏地阿美、西門子、 寶僑等全球領先的製造企業相繼獲選為燈塔工廠，阿里巴巴的上榜，也是全球燈塔工廠第三次擴張，並創造了兩個世界第一：第一個來自網際網路產業的科技公司；第一次有服裝產業躋身榜單，與能源、電氣、半導體記憶體、汽車等高技術附加價值的產業並肩而坐。

在犀牛智造首次亮相以前，這只深耕製造業的「犀牛」已經低調潛行三年。在潛行的三年間，犀牛製造已實施服裝業小單快返的柔性製造模式，並將能力逐步開放給中小企業和製造工廠。

顯然，服裝產業是典型的感性消費產業，且具有季節性，在服裝產業的競爭中，快速反應是關鍵；網際網路的發展促使資訊快速流通，服裝的流行節奏也隨之加快，小單快返成為所有服裝製造企業孜孜以求的目標，犀牛工

廠快速翻單能力正好對應了服裝產業的這個特點。在服裝生產過程中，技術資料或資訊的準備對於工廠的反應能力影響重大。

此外，生產過程的裁剪、部件生產、車縫、後整等工段表現出來的是柔性，其本質是如何匹配訂單需求跟產能之間的關係。犀牛工廠使用了具有橋接的吊掛系統（媒體上所謂的棋盤式運輸線），具有靈活的物料路由能力。

在世界經濟論壇的評價中，阿里巴巴的新製造平台「將強大的數位技術與消費者洞察結合起來，打造全新的數位化新製造模式：它支援基於消費者需求的端到端按需生產，並透過縮短 75% 的交貨時間、降低 30% 的庫存甚至減少 50% 的用水量，協助小企業在競爭激烈的快時尚和服裝市場獲得競爭力。」

破局新製造的犀牛智造，從服裝產業做起。這個曾經孕育出珍妮紡紗機、拉開第一次工業革命序幕的產業，卻在應用第四次工業革命技術中落伍了。犀牛智造平台利用阿里巴巴的雲端運算、IoT、人工智慧等技術，實施小單起訂、快速反應的柔性製造模式；更重要的是，這些系統化能力並非為己所用，而是開放給平台上的中小企業和製造工廠，這與世界經濟論壇宣導燈塔工廠的初衷不謀而合。

對此，麥肯錫資深專家、清華麥肯錫數位化能力中心負責人侯文皓認為，犀牛智造不僅是一個燈塔工廠，更利用雲端智造重構了一個完整的生態體系，前端連接用戶和中小商家，後端連接原材料、物聯網和物流供應商，真正打造了一個「燈塔網路」和「燈塔生態」。

|5.5| 以人為中心的未來生產

　　泛工業革命的過程，不論是智慧化、敏捷化、資訊化還是柔性化，都不是簡單的「技術換人」，而是將工業革命以來極度細化或異化的工人流水線工作重新拉回「以人為本」的組織模式，讓新興技術承擔更多簡單重複甚至危險的工作。人在這個過程中承擔更多管理和創造工作，因此泛工業生產的未來絕對是以人為中心；實現以人為中心生產，是泛工業時代對人類社會提出的新挑戰。

▌提高創新能力

　　2017 年，中國習近平總書記指出，「在網際網路經濟時代，資料是新的生產要素，是基礎資源和戰略資源，也是重要生產力。」顯然在數位時代下，資料生產力的三要素——勞動者、勞動資料和勞動對象，將面臨巨大改變。

　　勞動者是生產力中最活躍的組成部分，在各個發展階段，勞動者本身生產活動的特徵、勞動者的結構以及人與自然的關係等方面都發生了根本的變化。在農業社會，人類透過繁重的體力勞動對土地資源進行有限開發以解決溫飽和生存問題；進入工業社會後，機器的出現則把勞動者從體力勞動中解放出來。

　　泛工業革命帶來了智慧工具的大規模普及，使得人類改造和認識世界的能力站在歷史的新高點。機器取代了大量的重度勞動，資料生產力更替代了大量重複性的腦力工作，於是人們可以用更少的勞動時間創造更多的物質財富。這也意味著，在資料生產力時代，有創新精神並創造出新產品、新服務或新商業模式的人才，將成為市場的主要支配角色。

當機器文明的發展成為現代社會的大勢所趨，而人類文明的協同發展則要求我們著眼於人類對勞動分工的貢獻——對機器的理性進行補充，而非試圖與它競爭。這需要勞動者培養創新精神，培養挑戰權威的意識，甚至是非理性的想法，因為非理性的創造力才是對機器理性的補充。只有這樣做才會讓我們與機器產生差異，而這種差異化會創造價值。

「燈塔工廠」的企業文化往往都相當注重一線員工的參與，鼓勵員工思考如何進行創新，進而促使技術成功落地並持續採用。

寶僑捷克工廠透過定期召開會議來探討問題的解決方案，這項做法有助於識別問題根源，並制定避免損失發生的數位化解決方案。如果損失的源頭處於帕累托（Pareto）曲線頂端，則該損失會得到優先處理，企業也會投入相關數位資源；之後，資料科學家會與操作員合作找出問題原因，設計解決方案，並使用敏捷工作方式快速建構最小可行產品，與操作人員一起評估初步輸出結果。過程中對最小可行產品持續進行測試，直到確認損失來源已經消除。

福特奧特桑利打造了一支人才發展敏捷團隊，結合人力資源、生產過程和職業技能培訓，為員工培養創新和資料利用等第四次工業革命相關技能。團隊成員從過去只負責衡量業務轉變為分析自動生成的資料，即完成行政任務、獲取指標並提交新想法。其中，員工積極參與到從新技術的評估和選擇，再到與工程師、專家合作，並對新技術進行開發的全過程。

▌培養複合人才

泛工業時代是工業與新興技術結合的新時代，行業跨領域，技術多類別。隨著物聯網、資料獲取、雲端運算等技術的成熟，計算資源成本持續降低，很多十年前難以複製與推廣的問題獲得解決，大量新技術開始支撐泛工

業時代的發展；在這樣的背景下，培養與其相匹配的泛工業管理人才也是重要的環節。

德勤（Deloitte Touche Tohmatsu）在《全球製造業競爭力指數》中提出六大製造業競爭力驅動因素，其中人才是公認的重要因素之一。網際網路時代所連接的主題是人，而物聯網時代要連接的是所有的物，這將引發更大的技術浪潮、帶來更多的機會。隨著泛工業的推行，製造從業者將從尋找只擅長單一類別的專業性人才，轉變為能將多個學科和專業融合在一起的複合型管理人才。

2019 年的一項調查顯示，55% 的「燈塔工廠」都在與大學或其他教育機構合作，以便獲取知識和人才；而有 71% 的「燈塔工廠」都在打造內部學院和能力中心來進行能力建設。此外，企業的技能培養專案除了在職培訓，還會利用調務調換、臨時任務、交流和實習等手段來幫助員工學得技能。

例如，寶僑公司就採用技術手段，在實習和輪崗專案中幫助企業吸引新人才，尤其是國際人才。Petrosea 採用了高效動態的內容交付模式，其在職培訓納入增強現實、虛擬實境和數位化學習中心等新方法，透過遊戲化技能培訓的方式提升員工數位化學習的效率。

高技能的人才甚至可以對一個國家的整體競爭力產生強大的影響。美國非常注重政府、企業以及院校之間的合作。第二次工業革命的發源地辛辛那提是美國製造業的搖籃，GE 航空、寶僑總部等都坐落於此；辛辛那提大學更被稱為工業大數據分析技術的「西點軍校」，自 2000 年起致力於工業大數據分析和預測性維護技術在產業落地，同時在美國國家科學基金會（National Science Foundation, NSF）的發起下成立了 IMS（Intelligent Maintenance Systems，智慧維護系統）中心。

IMS 更注重人才複合技能的培養，更關注產業多場景應用的融合和理論的創新。他們把工業大數據融入機械工程學科之內，並將課程分為 DT 資料技術、AT 分析技術、PT 平台技術、OT 運營技術四條主線，認為只有跨領域技術相互融合後才能融會貫通，各行業之間相互借鑒才可能產生更通用化的技術。

德國提出「沒有職業教育 4.0，就沒有德國的工業 4.0」。傳統的學徒制教育傳承至今雖然有一些改變，但宗旨仍然是理論與技能相結合，即企業與學校合作辦學，根據企業的需求量身打造未來工人所需具備的技能。

德國的教育體系秉承 CPS 理念，將數位化技術貫徹始終，因為製造業正在發生的改變對於人才技能的要求是，從傳統行業服務者和機器操作者，轉變為整個生產過程中可以實現人機對話的多方位技術人才。

在中國，2016 年「新工科」在成都吹響多學科人才培養的號角，之後「復旦共識」、「天大行動」、「北京指南」三部曲鞏固了新工科建設基礎。與老工科相比，「新工科」更強調學科的實用性、交叉性與綜合性，尤其注重資訊通訊、電子控制、軟體設計等新技術與傳統工業技術緊密結合。

此外，近兩年舉辦的中國工業大數據創新競賽、全國智慧製造創業大賽等競賽也透過競教結合讓理論和實踐融會貫通，成為一種行之有效的人才培養方式。在同濟大學首屆中國大學生機械工程創新創意大賽中，比賽成績更是可直接納入研究生的成績。

高等工程教育從「技術範式」轉換為「科學範式」，又轉換成為注重實踐的「工程範式」，並時刻瞄準未來的新範式。相對於傳統的工科人才，未來新興產業和新經濟需要的是工程實踐能力與創新能力強、具備國際競爭力的高素質複合型「新工科」人才。

▌調整組織結構

工欲善其事，必先利其器，優質的組織架構就是支撐商業社會各大小企業的利器。從整體角度出發，有效的組織架構能凝聚個體力量，驅動其朝同一目標前進，達到一加一大於二的效果；從個體角度出發，架構是否合理也關係到了日常工作各方面的成效。

伴隨新興技術對工業及社會的影響逐步擴大和深化，工業的生產模式和管理工作也開始發生深刻變化，變得更專業化和系統化，社會進入全面大變革的關鍵時期，現下各企業組織架構也面臨改革叩門的衝擊。

例如，在 2020 年，可口可樂陸續宣布了組織架構調整；飛豬進行了一輪組織架構調整；快手發布內部訊息宣布組織架構調整；騰訊、阿里巴巴、京東等網際網路巨頭也紛紛進行組織架構重大調整；小米則更誇張，在上市不到八個月時間內就進行了五次組織結構調整。

對企業而言，組織架構至關重要，調整既是連接下一個發展階段的重要一環，也預示企業未來仍要解決的核心問題，關乎著企業成敗。

工業組織架構面臨革新

每個系統都有一個架構，架構由架構元素以及相互之間的關係構成，系統是為了滿足利害關係人的需求而建構的；利害關係人往往有各自的關注點，透過一連串的架構視角得以解決並對應到利害關係人的各關注點。

從管理角度來看，管理的核心是把資源整合好，發揮資源的最大價值，做好增值服務，這個過程要處理人與人之間的關係，進而達到資源價值最大化。這種關係正是透過架構及流程呈現出來，組織體系建設包括機制、流程、結構等體系的建設，是整個企業發展的基礎建設。

也就是說，組織架構作為組織的全體成員，可以為實現組織目標進行分工協作打下基礎。在職務範圍、責任、權利方面所形成的結構體系，是圍繞提高效率而設計的管理形式。

建立一個架構系統前，首要的任務就是盡可能找出所有利害關係人。在新工業時代裡，隨著智慧化、柔性化、敏捷化製造興起，業務、產品經理、客戶/使用者、開發經理、工程師、專案經理、測試人員、運維人員、產品營運人員都有可能是利害關係人。

在這個過程中，要深入理解不同利害關係人的關注點，並給出架構的解決方案。利害關係人的關注點是有可能互相衝突的，例如管理層（可管理性）與技術方（性能），業務方（多快多省）與技術方（可靠穩定）；這個時候就需要一個靈活的架構，因為它能夠平衡與滿足不同利害關係人的個別需求。

確認利害關係人後，就可以正式開始建立組織架構。在工業領域，組織架構經歷了長期的演變，其中，業務架構是生產力，應用架構是生產關係，技術架構是生產工具；業務架構決定應用架構，應用架構需要適配業務架構，並隨著業務架構不斷進化，同時應用架構依賴技術架構最終落地。

單體架構類似原始氏族時代，氏族內部有簡單分工，彼此之間沒有聯繫；分散式架構則類似封建社會，每個家庭自給自足，家庭之間有少量交換關係。服務導向架構（service-oriented architecture, SOA）類似工業時代，企業提供各種成品服務，我為人人、人人為我，相互依賴。

企業一開始的業務往往都比較簡單，例如進銷存，屬於內部使用者導向，提供簡單的資訊管理系統（management information system, MIS），支援資料增刪改查即可，單體應用可以滿足要求。隨著業務深入，進銷存每

一塊業務開始變複雜，同時又新增客戶關係管理以便支援行銷，業務的深度和廣度逐漸增加，這時就需要按照業務拆分系統，變成一個分散式系統。

在現今的第四次工業革命背景下，以物聯網、雲端運算、人工智慧等為代表的技術正推動著製造系統嵌入企業的治理結構和組織結構。在新的生產方式下，員工不僅要執行指令，還要在現場決策，現場工人成為能夠參與產品設計和調整生產過程的知識型員工。

與新生產方式相匹配的企業治理結構要能夠激發知識型員工的積極主動性，這種情況更能體現員工利益訴求和決策參與。此時，適應數位化工業的共同治理結構和組織架構將變得更加重要，因此，革新組織架構就成了各企業迴避不了的課題。

調整組織架構的先聲

第四次工業革命，製造技術和製造系統的「嵌入性」意味著，透過擴大研發製造技術、促進現代製造技術和製造系統的突破和應用之際，要特別注重具有戰略互補關係的配套技術、現代生產管理方法、知識型員工培養、企業組織結構和運行機制的完善。

只有在發展現代製造技術、同時加強培育互補能力，才能將現代製造技術轉化為現實的產品、企業和產業競爭力。對美國柔性製造系統的一項調查研究結果發現，二十世紀 90 年代初期其採用的柔性製造系統中，有高達 20% 的設備並沒有實際投入使用，而限制這些設備使用效果的主要原因就是企業組織架構和員工能力跟不上新的設備。

可以預見，第四次工業革命必定會伴隨著產品、管理、商業模式等全面創新變革。由世界經濟論壇及麥肯錫從全球上千家製造企業中考察遴選出來的「燈塔工廠」，引領著企業、為全球製造業設定了新基準。在全部的「燈

塔工廠」裡，就有71%的企業正以一種或多種方式調整組織結構，大力推動第四次工業革命轉型。

「燈塔工廠」在傳統職位中新增不同於以往的資料型任務，同時也在工廠或集團層面設立新職位，藉此滿足資料、程式設計和數位化方面日益增加的需求。同時，「燈塔工廠」還改變IT與各自為政的舊有運營組織結構，建立起專注於數位化部署的跨職能團隊，形成資料科學家和資料工程師與一線員工密切配合的合作關係模式。

例如，位於印尼巴淡島的施耐德電機新設了一個數位轉型部門，旨在簡化專案經理的職務調換流程。專案經理通常可以在位一年，但時間靈活可調，該職位的目標是專注在選定的數位轉型專案，此外，與相關領域的中小企業、生產線領導、管理者共同開發解決方案也是其重點關注範疇。

Bosch在企業層面展開的專案側重於促進數位轉型，方法（敏捷工作方式、轉型領導力等）和技術（T、資料分析等）兩者兼顧。Nokia成立了一支十人專家的小型團隊，負責開發與實施新技術。與工程團隊類似，它致力於透過交叉職能來促進第四次工業革命創新和大規模部署。

發生在工廠的製造革命是企業整體戰略變遷的一部分，全球領先製造企業在擴大先進製造技術投資的同時，從來沒有忽略互補性資產和能力的投資。GE總裁在論及美國重拾製造業優勢的策略時，也強調除了發展先進製造技術和材料工藝，還要加大人力資本創新，作為包括透過資本與工會的談判建立更加靈活的用工制度，培養高技能和現代知識兼備的員工。

組織架構的革新是第四次工業革命的產物，也是未來工業管理工作實施的具體呈現。隨著工業化進程的全面深化，工業組織架構的演化也在加速推進，其分工較以往更加精細且明確化，設計專案的流程也要求有更好的標準

化操作系統。在進化的道路上，對於企業來說這是一道必經的關卡，畢竟組織架構規劃的本質，就是未雨綢繆。

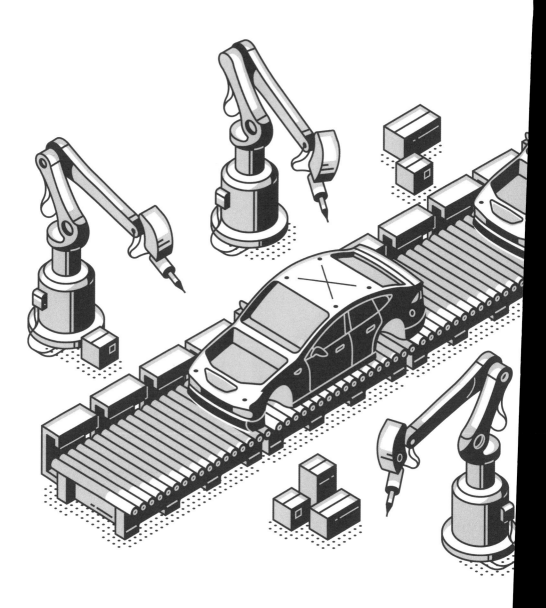

CHAPTER
6
超越工業4.0

|6.1| 技術變革引發就業變革

今日，AI 在全球的飛快成長速度引起全球高度關注，隨著機器學習、大數據以及計算能力的進展，AI 系統在處理任務時的效率和精準度也跟著提升，不管是簡單的機械動作還是複雜的感知任務，它的表現都可圈可點。AI 技術是創新產業變革的核心驅動力，它正劇烈改變人類生產生活方式、促進社會生產力的整體躍升；但同時，AI 的廣泛應用對就業市場帶來的影響也引發了社會高度關注和擔憂。

由此引發的擔憂不無道理——AI 技術突破暗示著有許多工作崗位岌岌可危，技術性失業的威脅迫在眉睫。

▎「機器換人」進行式

AI 現已成為未來科技革命和產業變革的新引擎，並帶動傳統產業轉型升級。AI 應用範圍甚廣，從工業、農業到金融、教育，從數位政府到智慧交通，從司法、醫療到零售、服務，AI 對於就業的影響已經愈來愈明顯。

而從技術的角度來看，受益於電腦功能的進步，資料的可用性日益增加，機器學習等演算法的開發和改進，AI 等關鍵技術的未來進展幾乎是絕對的。「機器換人」不僅是「進行式」，更是「未來式」，它們直接衝擊勞動力市場，帶來了新一波的就業焦慮。

事實上，自第一次工業革命以來，從機械織布機到內燃機到第一台電腦，新技術的出現總是造成人們恐慌，擔心被機器取代。在 1820 年至 1913 年的兩次工業革命期間，雇傭於農業部門的美國勞動力份額從 70% 下降到 27.5%，目前不到 2%。

許多發展中國家也經歷著類似甚至更快的結構轉型變化；根據國際勞工組織的資料，中國的農業就業比例從 1970 年的 80.8% 下降到 2015 年的 28.3%。

面對第四次工業革命中 AI 技術的興起，美國有關研究機構 2016 年 12 月發布報告，未來十到十二年內，因 AI 技術而被取代的就業崗位數量將由目前的 9% 上升到 47%。

麥肯錫全球研究院的報告則顯示，預計到 2055 年，自動化和 AI 將取代全球 49% 的有薪工作，預計印度和中國受影響幅度最大。麥肯錫全球研究院預測中國具備自動化潛力的工作內容達到 51%，將對相當於 3.94 億的全職人力工時產生衝擊。

從 AI 取代就業的具體內容來看，不僅絕大部分的標準化、程式化勞動可以透過機器人完成，在 AI 技術領域甚至連非標準化勞動都將受到衝擊。

正如馬克思所指出的，「勞動資料作為機器出現，就立刻成了工人本身的競爭者」。牛津大學教授 Carl Benedikt Frey 和 Michael A.Osborne 就曾在兩人合著的文章中預測，未來二十年，大約有 47% 的美國就業人員對自動化技術的「抵抗力」偏弱。

也就是說，白領階級同樣會受到與藍領階級類似的衝擊。在會計、金融、教育、醫療等各行業，大量的工作崗位將會隨著 AI 技術的發展改變工作模式，由人類負責對技能性、創造性、靈活性要求比較高的部分，機器人則利用其在速度、準確性、持續性等方面的優勢來進行重複性的工作。

儘管白領階級受到衝擊並不等同於完全取代，但 AI 的加入勢必會減少更多的就業機會，以至於勞動力市場對自動化技術「抵抗力」偏弱。

與此同時，面對 AI 蓬勃發展，在高端研發少數前沿創新領域，仍然延續對高技能勞動力的就業選擇偏好，這就導致在高技能與中低技能勞動力就業中出現明顯兩極化趨勢：對高技能勞動力的就業需求顯著提升，也因此加劇了通用生產領域中低技能勞動力的去技能化趨勢。

根據 MIT 的研究，研究人員利用美國 1990 年到 2007 年勞動力的市場資料分析了機器人或者自動化設備的使用對就業和工作的影響，結果發現，在美國勞動力市場上機器人使用占全部勞動力的比例，每提高 1% 就會導致就業的崗位減少 1.8 ～ 3.4%；不僅如此，工人的工資平均還下降了 2.5 ～ 5%。技術性失業的威脅迫在眉睫。

▌「機器換人」創造未來就業

當然，對於自動化的恐慌在人類歷史上也並非第一次，自從現代經濟成長以來，人們就週期性地遭受被機器取代的強烈威脅。幾百年來，這種擔憂最後總被證明是虛驚一場——雖然技術持續在進步，但總會產生新的人類工作需求，足以避免出現大量永久失業的族群。

例如，過去有專門的法律工作者從事法律檔案的檢索工作，但自從引進能夠分析檢索大量法律檔案的軟體之後，時間成本大幅下降而導致需求量大增，因此法律工作者的就業情況不降反升（2000 至 2013 年，該職位的就業人數每年增加 1.1%）。

再比如，ATM 的出現曾造成銀行職員的大量失業——1988 至 2004 年，美國每家銀行分支機構的職員數量平均從 20 人降至 13 人。然而，每家分支機構的運營成本降低後，反而讓銀行有足夠的資金去開設更多分支以滿足顧客需求，因此，美國城市裡的銀行分支機構數量在 1988 至 2004 年間上升了 43%，銀行職員的整體數量也隨之增加。

過去的歷史表明，技術創新提高了工人的生產力，創造了新的產品和市場，進一步創造了新的就業機會；那麼，對於 AI 而言，歷史的規律可能還會重演。從長遠發展來看，AI 正透過降低成本，帶動產業規模擴張和結構升級來創造更多就業。

德勤公司就曾透過分析英國 1871 年以來技術進步與就業的關係，發現技術進步是「創造就業的機器」。因為技術進步透過降低生產成本和價格，增加了消費者對商品的需求，造成社會總需求擴張，帶動產業規模擴張和結構升級，創造更多工作崗位。

從人工智慧開闢的新就業空間來看，人工智慧改變經濟的第一個模式就是透過新的技術創造新的產品，實現新的功能，帶動市場新的消費需求，進而直接創造一批新興產業，並帶動智慧產業的線性成長。

中國電子學會研究認為，每生產一台機器人至少可以帶動四類勞動崗位，例如機器人的研發、生產、配套服務以及品質管理、銷售等。

當前，AI發展以大數據驅動為主流模式，在傳統行業智慧化升級過程中，伴隨著大量智慧化專案的落地應用，不僅需要大量資料科學家、演算法工程師，且由於資料處理環節仍需要大量人工作業，因此對資料清洗、資料標定、資料整合等普通資料處理人員的需求也將大幅度增加。

並且，AI還將帶動智慧化產業鏈就業崗位線性成長。它所引領的智慧化發展，必將帶動各相關產業鏈打開上下游就業市場。

此外，隨著物質產品的豐富和生活品質的提升，人們對高品質服務和精神消費產品的需求將不斷擴大，對高端個性化服務的需求逐漸上升，將會創造大量新的服務業就業機會。麥肯錫認為，到了2030年，高水準教育和醫療發展會在全球創造5,000～8,000萬的新增工作需求。

從工作技能看，簡單的重複性勞動將更容易被替代，而高品質技能型崗位被大量創造出來；這也表示，儘管AI正在帶動產業規模擴張和結構升級來創造更多就業，但短期內，在中低技能勞動力市場帶來的就業衝擊依然形勢嚴峻。

▍回應「機器換人」時代挑戰

AI的發展帶來的不僅是一個或某幾個行業的變化，而是整個經濟社會生產方式、消費模式的深度變革，並進一步對就業產生巨大影響。

根據 AI 技術發展的多層次性和階段性，將會是一種逐步取代人力的過程。但是，解決與協調 AI 對就業的短期和長期衝擊，是當前和未來應對「機器換人」的關鍵。

首先，應積極應對 AI 新技術應用對就業帶來的中短期或局部挑戰，需要制定針對性措施，以緩解 AI 對就業的負面影響。例如，把握 AI 帶來的新一輪產業發展機遇，壯大 AI 新興產業，借助 AI 技術在相關領域創造新的就業崗位，充分發揮 AI 對就業的積極帶動作用。

如何應對 AI 時代的社會問題，需要的是市場的創造性。只有合適的激勵機制、合適的人才，才能對沖它所帶來的巨大就業衝擊。中國改革開放以來，第一重要的，就是使得千千萬萬的企業家湧現了出來，在這些企業家推動了經濟成長的基礎上，才得以推動政府修路、建橋，然後進一步推動了企業的發展。

其次，要高度重視新技術可能給傳統工作崗位帶來的替代風險，重點關注中端崗位從業人員的轉職再就業問題。實際上，AI 究竟消滅多少、創造多少、造出什麼新工作，不是完全由技術決定的，制度也有決定性的作用。在技術快速變化的環境中，究竟有多大能力、能否靈活幫助個人和企業創造性地開創出新的工作機會，這都是由制度決定的。

例如，失去工作的人，他的能力能否轉換？如何幫助他們轉換能力？這些也是制度需要考慮的問題。政府要支援建立非政府組織，為丟掉工作飯碗的人提供訓練，幫助他們適應工作要求的變化。

最後，工作崗位是一回事，它們創造的收入又是另一回事。從 AI 對勞動力市場的長期衝擊來看，需要密切關注 AI 對不同族群收入差距的影響，重點解決好中等收入族群就業與收入下降問題。

進入二十一世紀以來，一些經濟發達國家勞動力市場呈現出新的兩極化現象：標準化、程式化程度較低的高收入和低收入職業，其就業占比都在持續增加；而標準化、程式化程度較高的中等收入職業，其就業占比反而趨於下降。這是一種與以往技術進步顯著不同的就業收入效應，使中等收入族群面臨著比低收入族群更尷尬的就業處境。

對於這種情況，如果收入分配政策的重點仍停留在過去對高收入和低收入兩種族群的關注上，不能及時給予中等收入族群有效重視，極易形成 AI 條件下新的低收入族群及分配不均，即中等收入族群因技術進步呈現出收入停滯甚至下降的特徵。

今時今日，在應對 AI 的途徑上，不僅需要重新思考如何治理勞資關係，更應該從過去「強者愈強」的工業化技術邏輯中走出來，以更開闊、更多維的視野、更有效的策略提前做好充分準備來回應挑戰。

|6.2| 重構全球價值鏈

現代經濟全球化經歷了從全球商品鏈（global commodity chains, GCC）向全球價值鏈（global value chains, GVC）的轉變。

全球商品鏈是圍繞最終可消費的商品而發生的一組相互關聯的勞動生產鏈式過程。隨著完整商品交易組織方式的碎片化，以及對經濟發達國家和發展中國家各自獨立的生產要素體系解構，高度複雜的生產經營活動片斷得以在大規模精細化分工與重組的基礎上實現全新的跨國連結，進而引發了二十世紀 90 年代之後的國際生產體系的系統性重構。

這樣的背景，使得價值分析被引入全球商品鏈，進一步形成了如今的全球價值鏈——產品和服務在生產及出售過程中所涉及使產品增值的一系列階段，其中至少有兩個階段在不同國家完成。也就是說，如果一個國家、部門或公司參與了 GVC 的（至少）一個階段，那麼它就參與了 GVC。

反工業時代背景下，國際環境日趨複雜，新冠疫情與中美經貿摩擦互相交織，正在催化新一輪的全球價值鏈調整。

全球價值鏈從擴張到收縮

全球價值鏈是用來解釋全球產品的研發設計、生產、行銷、售後等創造價值的環節分包到不同國家，企業透過參與產品生命週期的不同環節來獲取相應價值增值的貿易活動。可以說，全球價值鏈是過去三十年間各國經濟貿易融合的最重要的產物。

二十世紀 90 年代後，隨著關貿總協定升級為世界貿易組織（WTO），全球化大生產不斷擴張，全球價值鏈的深度和廣度都得到巨大發展。在全球價值鏈參與度不斷提高的同時，價值鏈長度也在快速延長，同時，中間品貿易開始超越最終產品，逐漸成為國際貿易的主要組成部分。

在這個過程中，中國逐漸發展為世界工廠，成為全球價值鏈和國際貿易的中心之一。第一財經研究院的 ULC 資料庫顯示，在全球價值鏈的參與度上，中國已超越美國、德國、日本等傳統製造業大國，成為全球第一的製造業大國；同時，中國也成為全球價值鏈上的核心環節，幾乎所有產業都有一定程度依賴中國。

麥肯錫研究院曾挑選二十個基礎產業和製造業，分析全球各國對中國消費、生產和進出口的依存度，其研究發現，伴隨著中國製造深度融入全球

價值鏈，尤其是在電子、機械和設備製造領域，中國在全球價值鏈中既扮演「世界工廠」角色的供應方，近年來作為「世界市場」需求方的角色也愈發重要。

世界銀行報告顯示，全球價值鏈在 1990 年到 2007 年期間成長最為迅速，交通、資訊和通訊領域技術進步，貿易壁壘降低更吸引製造企業將生產流程延伸至國境之外。全球形成了以中國、德國、美國為中心的亞洲、歐洲、北美三大區域價值鏈網路。

然而，這個全球價值鏈擴張趨勢，在 2008 年後開始發生了轉變。2008 年，國際金融危機爆發，在這一年，全球價值鏈占全球貿易的比重達到了 52% 的巔峰；之後，該指標呈現出向下波動的發展態勢，而此現象與全球貿易成長放緩同步發生。

根據世界貿易組織統計資料：從二十世紀 90 年代以來，除 2001 年外，全球商品貿易成長量一直保持在全球 GDP 成長量的 1.5 倍至兩倍的水準。進入二十一世紀的第二個十年，情況卻有了轉折。

2012 年和 2013 年，全球商品貿易成長量相當於全球 GDP 成長量；隨後三年，全球商品貿易成長量低於全球 GDP 成長量；2017 年和 2018 年出現了反彈；2019 年，全球商品貿易在美國與其他國家持續的貿易緊張關係下陷入停滯，並在接近年底時出現下滑，整體小幅下降 0.1%。

而今，全球貿易成長率比低迷的全球 GDP 成長率還要低。在過去的景氣時期，全球貿易成長率約為全球 GDP 成長率的兩倍；2020 年新冠疫情對全球貿易造成了巨大衝擊，根據 WTO 的預測，2020 年全球貿易將大幅下降 13 ～ 32%。全球價值鏈的轉變成為基本事實。

▍多因素驅動全球價值鏈轉變

全球價值鏈的轉變有多方面的動因。

首先，全球金融危機之後，各國經濟均未實現完全出清，產能過剩導致世界經濟總量增加速度放緩，投資增加速度放緩尤為顯著。與此同時，金融危機後過去二十多年高速發展所累積的經濟社會問題也開始顯露出來，特別是圍繞人口、債務等問題的結構性矛盾被放大和激化，使得全球保護主義浪潮興起。

其次，主要的新興市場經濟體如中國，開始進行廣泛的國內中間品替代國外中間品，使得純國內生產活動代替了全球價值鏈生產。

並且，過去二十年中，中國製造業的勞動生產率（APL）和單位勞動力成本（ULC，生產每單位增加值所需要的勞動力成本，數值上升代表競爭力下降）均出現了快速上升，而在同期內，全球製造業第三、第四大國的日本和德國單位勞動力成本卻持續下降，這也使得製造業遷出中國端倪初現，並在全球影響價值鏈的變動。

其三，經濟發達國家紛紛採取措施吸引製造業回流，多國政府對產業轉移的干預力度加大。在美國轉向「美國第一」的貿易保護主義之前，全球經濟的結構性變化已經造成發達國家出現了不同程度的製造業回流現象。

2011 至 2014 年間，美國、德國、法國和義大利四國中，製造業回流最為活躍的前四個子行業分別是化學製品、金屬製品、電子電器產品和其他製造業，其中化學製品企業的回流最為明顯。

美國所採取的加徵關稅、科技禁令等貿易保護主義措施增加了跨國貿易成本，大幅提高中間品及產業鏈成本，影響了跨國公司在全球的生產決策

布局，加快了部分產業鏈回遷與轉移，引發全球價值鏈、產業鏈、供應鏈重構。

最後，勞動力替代工具（如機器人）更普遍應用於製造業生產，進一步降低了在全球最低成本之地配置資源的必需性，也形成就業市場錯配。

根據馬林和基裡奇的研究，在金融危機前全球價值鏈與機器人使用是相互促進的正相關關係，這意味著市場環境較好的時候，企業透過增加機器人使用和推動全球價值鏈兩個手段來降低成本與擴大生產規模。

金融危機之後，全球價值鏈與機器人的使用呈現明顯互相替代的負相關關係，這意味著在產能過剩時，機器人將更可能作為全球價值鏈的替代。他們進而發現，如果新冠肺炎疫情導致經濟不確定性上升 300% 和利率下降30%，那麼機器人的應用率將提高 76%，並導致全球價值鏈大幅萎縮。因此，有很長一段時間，各國都積極應對全球價值鏈的挑戰，企圖在全球競爭與位階重整中進行創新或者對整個價值鏈進行重新配置。

▍泛工業時代的全球價值鏈重構

2020 年的疫情進一步衝擊了全球價值鏈，加速全球價值鏈重構；例如，疫情和疫情防控措施導致中間產品的生產及運輸遭遇延遲或停止，使得企業無法獲得關鍵投入品的風險增加。許多生產率較高的全球價值鏈參與者都依賴於及時交付投入和精益庫存管理，但這些舉措可能會導致身處全球價值鏈中心的國家成為受疫情影響最嚴重的國家。

此外，聯合國貿易暨發展會議（UNCTAD）認為新冠疫情全球爆發將影響全球對外直接投資（foreign direct investment, FDI），進而影響全球

價值鏈。全球前五千家跨國企業（MNE）因疫情平均向下修正了 30% 的年內盈利預期，並且這個趨勢仍將持續。

受打擊最嚴重的產業為能源、基礎金屬、航空業和汽車產業，發達經濟體跨國企業盈利預期修正幅度最大，下修幅度達到 35%，高於發展中經濟體的 20%。斷崖式下滑的盈利前景將使全球 FDI 下降 30% 至 40%，而跨國企業 FDI 是全球價值鏈進一步深化的主要推動力。

但同時要看到的是，疫情亦是一種催化劑，它也加速了以數位化、資訊化為特徵反工業革命的發展。行動網際網路、物聯網、雲端運算和大數據等新一代資訊技術的發展使得部分產業尤其是高技術產業的製造模式和組織模式發生了重大變革，促使價值鏈在全球分解、融合和創新，國際產業分工的「微笑曲線」發生嚴重變形，各環節的附加價值也跟著出現了變化。

這為後疫情時代全球價值鏈的重塑又增添了新要素，使得價值鏈逐漸向新經濟體和鏈條的更高層次延伸，以 AI、5G、智慧物流、線上支付為代表的高技術產業已初現規模，其國際影響力正在逐步擴大。

全球價值鏈重構是一種兼顧價值鏈升級與價值鏈治理的國際分工活動。事實上，隨著國際格局的深刻變革，全球價值鏈重構的發生是必然，而疫情則為全球價值鏈的重構添加了科技元素。

如果說，早期探討「全球競爭與位階重整」時認為「重構」是價值鏈參與者在執行價值鏈活動中進行創新或者對整個價值鏈進行重新配置，那麼現階段全球價值鏈的重構還關係到價值鏈分工在縱向和橫向維度上的「伸」與「縮」及網路節點位移，並同時受到產業革命和技術進步、全球經貿規則等變化影響。

把握全球供應鏈調整的契機，成為現階段的各國政府的共識。中國政府想要抓住全球價值鏈重構的浪潮，搶佔經濟與技術雙重制高點，就必須選取合適的重構路徑，迅速做出鏈條轉換和路徑選擇的戰略設計方針。

一是要認清在全球價值鏈中的真實地位，二是要選取合適的重構路徑，三是要提升技術水準和完善國內供應鏈網路。一國參與全球價值鏈重構的路徑分為主動嵌入全球價值鏈、被動接入國家價值鏈和主導創建區域價值鏈三種，並且，根據一國產業國際競爭力的差異，選取的路徑也有差異。疫情雖擾亂了全球價值鏈，但也在危機中孕育著新機，將鍛造出升維競爭的全新賽道。

|6.3| 新世界秩序的孕育與誕生

技術進步和產業變革是人類福祉的重要來源。

工業生產帶動了科學與技術知識的快速生產和擴散，促進了現代化發展；工業生產的規模經濟和範圍經濟促進了生產要素聚集，加速人類社會城市化的進程；資訊化大大降低了空間對交流的阻礙，有助於推動工業生產的全球分工。某種意義上，當今的工業化社會和以城市化為核心的人類現代生活，都是過去每一次工業革命的集中成果。

正在興起的新一輪工業革命，以人、機器、資源間實現智慧互聯為特徵，正在日益模糊物理世界和數位世界、製造和服務之間的邊界，為利用現代科技實現高效、環境友好的經濟成長提供了廣闊空間。

與歷次工業革命一樣，這一輪工業革命也將為全球經濟構築強大的成長動力，深刻改變各國的經濟結構和發展方式，並為人類經濟社會面臨的困境

和問題提供新的解決方案，推動經濟社會跳躍式發展。除此之外，也將重塑國家間競爭格局，孕育世界新秩序。

▌重塑國際競爭格局

泛工業革命正在成為全球重築成長態勢、提升人類社會福祉的重要動力。然而，雖然泛工業革命的紅利足以惠及全球，但是新技術和新產業創造的價值在國家之間的分配卻是不均衡的。

發達工業國家希望透過加快技術突破和先導產業發展，鞏固甚至進一步強化其在全球經濟版圖中的優勢地位；已經具備一定工業基礎和技術能力的後發國家也希望利用新一輪工業革命打開的機會視窗，透過開闢獨特的技術路徑和商業模式超越前行者，因此，競爭和超越必然是泛工業革命的重要命題。泛工業革命推進的過程，也將是一個競爭和選擇的過程，這個過程必然會重塑國家間競爭格局，孕育世界新秩序。

從經濟史的角度看，每一輪工業革命大致都會經歷導入期和拓展期兩個階段。在導入期，新的通用目的技術和賦能技術的創新主要奠立在基礎研究的累積和發展，具有很強的科學推動特徵。同時，由於新技術的技術範式和技術路徑並不清晰，不同類型的創新主體，特別是初創企業，在新技術可能帶來巨大潛在利益的驅動下，通常會積極進行多元化的技術路線和商業模式探索。當通用目的技術和賦能技術以及與之相匹配的商業模式逐漸成熟，這些新技術的應用開始催生新的產業，並加速向國民經濟其他部門擴散應用。這時，工業革命開始進入第二階段，即拓展階段。

而工業革命的導入期和拓展期，恰恰表現為國家或企業在技術和商業兩個層面的激勵競爭。在工業革命的導入期，多種技術路線相互競爭，由於技術路線本身的不確定性，以及每一種技術路線都需要承擔高額的研發投入，

沒有任何一個國家能夠主導所有的技術路線。雖然一些國家和企業在前沿技術和基礎研究方面具有先發優勢，但最終是否能夠成為主導技術的開發者仍然具有很大的不確定性。加上資訊技術發展具有鮮明的短週期特徵，如果後發國家能夠展開高強度的技術學習，同樣有很高的機率實現技術超越。

當工業革命進入拓展期，即通用目的技術和賦能技術都趨於成熟、逐步進入大規模商業化應用階段，技術領先國也可能由於國家的體制和戰略不能及時適應主導技術的要求，而喪失將技術領先優勢轉化為產業領先優勢的機會。主導技術和主導商業模式是在技術和市場的不斷回饋過程中透過反覆運算的市場選擇形成的。技術領先者有可能在商業化階段的競爭中失敗，而技術追隨者有可能利用其市場優勢或基礎設施優勢，成為市場競爭的最終贏家。

可以說，新工業革命可能創造的巨大經濟紅利及其對國家間產業競爭格局的深刻影響，激勵著每一個國家積極參與其中，而新工業革命技術經濟過程的複雜性又使得競爭結果具有高度的不確定性。各國在新一輪工業革命進程中的競爭和趕超，最終會體現為國家間競爭能力和利益格局的動態變化。

根據以往歷次工業革命的經驗，在工業革命導入期，通用目的技術和賦能技術的主要策劃國最先推動基礎科學研究成果向技術應用轉化，這些國家從不同的技術路線進行探索，試圖成為主導技術的控制者。在這個過程中，這些國家的科學研究和技術水準相互增強促進，成為新一輪工業革命的科學和技術高地。

隨著新工業革命由導入期向拓展期演進，主導技術逐漸形成，相應的工程化和產業化成為國家間競爭的焦點。這時，擁有更強工程化能力和商業模式創造性的國家成為主要的競爭者。由於新工業革命的技術策源主要發生在少數國家，因此這個階段國家之間的技術水準會出現兩極化現象，但此時的技術能力並未完全轉化為一國的產業競爭力和經濟福利。

當前，新一輪工業革命正處於由導入期向拓展期發展的階段，美國、中國、日本、德國等國家是主導技術成熟和應用的主要推動者。隨著新一輪工業革命進入拓展期，通用目的技術和賦能技術開始逐步擴散應用，那些率先推動主導技術在先導產業和引致性產業擴散應用的國家，其技術能力、生產效率、經濟成長、就業水準和國家綜合實力提升，將成為新工業革命最大的受益者。

新一輪工業革命是一場技術經濟範式協同轉變的複雜過程。科技進步和產業發展嵌入在一國的體制和政策體系中，技術突破和產業變革會因改變既有的利益格局而遭到體制性的抵制。因此，哪些國家和地區能夠相對更快調整體制和政策，使其更有效支援新的勞動者技能、新興技術、新創企業、先導產業的發展，進而更適切匹配新工業革命的技術經濟要求，誰就能成為新工業革命的主要受益者。

在這場體制和政策的競爭中，發達國家正試圖利用新工業革命視窗進一步增強其產業競爭優勢，遏止「產業空心化」趨勢，重拾製造業競爭優勢。近年來，這些國家或地區紛紛制定了智慧化、網路化、數位化技術導向的製造業中長期發展戰略，如美國的「先進製造業戰略」、德國的「工業4.0」、法國的「新工業法國」、歐盟的「歐洲工業數位化戰略」、西班牙的「工業連接4.0」、日本的「機器人新戰略」、韓國的「製造業創新3.0」、義大利的「義大利製造業」等等，都體現了發達工業國家進一步強化科技和產業競爭優勢的宏偉願景。

與此同時，以中國為代表的發展中國家正透過承接產業轉移和自主創新，快速建立起比較完備的工業體系和創新體系；包括中國在內具有一定工業基礎的廣大發展中國家廣泛參與到高新技術的突破和應用，這也是新一輪工業革命相較前幾輪工業革命最大的特點。

新工業革命背景下，不僅後發國家在新興產業領域迎來並跑的機遇，而且由於傳統技術和傳統產業與新技術的融合，後發國家在成熟產業也迎來利用其獨特的市場優勢和資源優勢實現趕超的視窗期。二十世紀 70 年代，當汽車技術路線由低成本和動力增強向多樣化和節能環保轉變時，日本企業憑藉柔性化生產和精益製造實現對美德汽車產業的趕超，就是這種理論邏輯的現實呈現。當前，中國的製造強國戰略、俄羅斯的「國家技術計畫」、阿根廷的「國家生產計畫」以及印度的「印度製造戰略」等，都體現了廣大發展中國家廣泛參與新一輪工業革命的強烈訴求，這也將進一步加劇各國的科技角逐。

變革全球治理方向

馬克思認為：「社會關係和生產力密切相聯。隨著新生產力的獲得，人們改變自己的生產方式。隨著生產方式即保證自己生活方式的改變，人們也就會改變自己的一切社會關係。手推產生的是封建主為首的社會，蒸汽產生的是工業資本家為首的社會。」生產方式變革是社會變革的決定性力量，並從根本上決定社會的性質。「所以，一切社會變遷和政治變革的終極原因，不應當到人們的頭腦中、人們對永恆的真理和正義日益增進的認識中去尋找，而應當在生產方式和交換方式的變更中去尋找」。

泛工業革命的興起引發了生產方式變革和交換方式變化。大規模流水線生產方式轉變為數位化製造的自動生產方式，新的生產力平台展現智慧化、定製化、合作化，促使製造業發生革命性變化，催生一大批新產業集群和經濟成長點，拓寬戰略新興產業的範圍，促使人類進入網際網路支撐下的全球性社會化大生產階段。

在此階段，全球性分工合作、智慧管理、生態和諧、可持續發展成為顯著特徵。這種上了一個新台階的社會化大生產，將在根本改觀整個產業價值

鏈中加工製造環節低附加價值局面的同時，大大提高世界生產力水準，加速世界經濟發展，促進國際貿易發展、世界貨幣金融關係變化和生產要素國際流動，推動國際經濟一體化，並引起世界經濟結構和經濟戰略的變化。

顯然，今天的世界是扁平、立體、交叉的。雖然世界各國的矛盾仍然存在，且不斷升高，甚至時常發生局部戰爭，但在開放中形成廣泛聯繫已經是不爭的事實。這種廣泛聯繫在變化中整合，必然走向共同治理世界的大格局。

2008 年全球金融危機的慘痛代價早就給了世界深刻啟示：世界只由少數大國控制的歷史將結束，全球力量對比正在朝著有利於廣大發展中國家方向轉變，全球治理從「西方一統天下」向「東西方共同治理」演變。隨著世界多極化的推進，經濟全球化進程也將加快，在和平與發展的時代主題下，國際體系也向扁平化變革。可以說，泛工業的到來除了重塑國際競爭格局外，也讓各國結成了利益共同體和命運共同體。而在這個過程中，新工業技術還將為解決一些全球性問題提供新方案。

當今世界在呈現多極化、經濟全球化、文化多樣化和社會資訊化的同時，也不斷產生諸如氣候變化、網路攻擊、環境污染、跨國犯罪等挑戰人類生存和國際秩序的非傳統安全問題和挑戰，將地球人置於一個命運共同體中。各國利益和命運緊密聯繫，牽一髮而動全身，一榮俱榮、一損俱損。任何國家都不可能獨善其身，也沒有哪個國家可以包打天下，國際社會愈來愈成為你中有我、我中有你的「命運共同體」。全球治理問題已經直接考驗人類大智慧，而新工業革命為解決這些重大全球問題提供了新的可能方案。

例如，綠色能源的開發和推廣，為人口成長和工業化造成的環境問題提供了更加有效的解決方案；無人駕駛、智慧交通的發展將為解決日益嚴峻的城市交通問題提供新的技術路線；數位技術所帶來的跨境電子商務等新興業

態的發展，以及服務貿易便利性的增加，將有力促進全球貿易成長；世界貿易組織發布的《世界貿易報告2018》預測，2030年之前全球貿易將逐年增加1.8～2.0個百分點；新工業革命將導致全球價值鏈、供應鏈和產業鏈在空間上的重新分解與組合，進一步推動分工深化和交易效率提升，從而推進全球經濟加快復甦。

泛工業革命使得各國利益和命運更緊密相連、深度交融，各國只有在合作共贏的框架下協調競爭政策和社會政策，共同解決新技術可能帶來的壟斷、「無就業成長」、社會倫理等經濟社會問題，才能更加有效應對新工業革命帶來的挑戰，引導新工業革命朝著有利於解決全球性重大問題、促進全球包容性發展的方向發展。

|6.4| 工業未來行穩致遠

儘管泛工業革命許諾了一個前所未有的科技未來，但從各種意義來說，我們卻都處在一個向下的時代。無論政治、經濟還是文化，一切標準向最低處看齊，一切低級的都成為新的標準。隨著榮譽隕落、斯文掃地、無恥高舉，國家功利主義、實用主義一邊倒、一刀切的思維模式下，資本逐利的系統甚囂塵上。因此，這樣的時代迫切需要人文思想來給人們的精神生活提供指導和幫助。

工業文明亟待人文科學的糾偏

隨著技術的不斷進步，人們從蒸汽時代進入到電力時代，再進入到原子時代、資訊時代。然而，技術在豐富人們物質世界的同時，也讓人們面臨愈來愈多的認識危機、生存危機和信仰危機。

二十一世紀之後，在突飛猛進的科學技術影響之下，人類社會結構以及精神面貌正不斷發生劇烈的變化。通訊技術、網際網路、大數據、雲端運算、區塊鏈、人工智慧、基因工程、虛擬技術，造成了資訊和實體的交錯融合和資料驅動的經濟，整個社會的智慧型網路化正在引起生產方式、生活方式、思維方式以及治理方式的深刻革命。

然而，新興技術雖迎來了第四次工業革命的曙光，但也讓一些人再次陷入（理性）自負。現實生活中理性退化為演算法和計算，計算甚至蛻變成算計。新科技革命和產業革命在大力推動社會發展之際，也帶來了環境、生態、倫理等風險以及個人精神迷失、信仰空缺和意義危機等問題；這些，都亟待人文的精神指導重塑價值。

全球暖化已經是一個不爭的事實。2020 年，一個由 93 名科學家組成的團隊曾發表了一份跨越 12,000 年的古氣候資料記錄，它包括 1,319 條資料記錄；這些資料來自湖泊沉積物、海洋沉積物、泥炭、洞穴沉積物、珊瑚和冰川冰芯等樣本，從全球 679 個地點收集而來。

研究人員藉由這些資料繪製出過去 1.2 萬年來地表空氣溫度的變化圖，然後將其與 1800 年至 1900 年之間的世紀平均氣溫進行比較，以追蹤工業革命可能帶來的變化。正如預期，在該時期開始時，氣溫比十九世紀的基線要低得多，但在接下來的幾千年裡，氣溫逐步上升，最終超過了基線。

氣溫在 6500 年前達到頂峰，從那時起，地球一直在緩慢地降溫；峰值溫暖之後的冷卻速度是微妙的，每 1000 年只有大約 0.1℃。然而自十九世紀中葉以來，人類活動使平均氣溫上升了 1℃ 之多，這在相對較短的時間內是一個巨大的峰值，比 6500 年前的那個峰值上升得更高。

氣候變化使得原太陽照射到地球的光和熱及其反射過程平衡被打破，帶來的最直接的後果就是加劇了氣候災害的發生。根據非營利組織

Germanwatch 於 2020 年發表的一份報告，該報告分析了包括風暴、洪水和高溫天氣等事件，但沒有包含「緩慢發生的環境變化」，例如海平面上升、海水變暖和冰川融化。報告顯示，在 2000 年至 2019 年期間，全世界發生了約 11,000 次極端氣象災害。

曾經被認為已經解決的傳染病問題又回來了。氣候變化部分導致了蜱蟲和蜱傳病原體的地理範圍擴大；由於缺乏全球治理、政策和國際合作來緩解氣候變化和促進更平衡的人與自然關係，蜱傳疾病和其他傳染病的傳播可能性也進一步增加。此外，二十世紀中期以來，北極地表溫度不斷升高，與全球平均水準相比，升溫速度接近一倍；氣溫升高導致海冰、積雪覆蓋率和永凍土發生變化，對 700 萬人的生活產生影響。例如，凍土層中儲存著汞和其他持久性環境污染物和傳染源一旦解凍，這些物質就會釋放出來造成健康風險。

抗生素的濫用與自然進化結合，製造出了愈來愈危險的微生物。根據美國疾病管制與預防中心（CDC）的資料，光是美國每年就有逾 280 萬抗生素耐藥病例，逾 3.5 萬人因此喪生；在印度，抗生素耐藥性導致的新生兒感染每年造成近 6 萬新生嬰兒死亡。聯合國（UN）擔心，到 2050 年，全球每年會有 1,000 萬人死於耐藥性感染。

抗生素耐藥不僅嚴重影響人類健康，更對經濟造成巨大負擔和損失。在美國，醫療系統每年就需要花費 200 億美元解決耐藥問題。英國經濟學家奧尼爾預計，到 2050 年全球抗生素耐藥可累計造成 100 萬億美元的經濟損失。此外，世界銀行和聯合國糧農組織的報告還指出，倘若 2050 年仍未解決抗生素耐藥性問題，全球年度 GDP 將下降 1.1% ～ 3.8%，等同於 2008 年金融危機的影響。

　　電腦化無時無刻為工作和娛樂的新領域帶來革命，但這也有代價，包括失業率成長、數位鴻溝擴大、傳統社群形成和維護方式的崩潰以及網路互動無法（現在，也許永遠）完全取代傳統社群等。社會架構偏向全球化，各個地域文化透過各種形式交融。人工智慧發達，有強大的系統透過各種手段統治著所有人的生活。

　　在行動網際網路高度發達的今天，標籤遍地的社交媒體依據演算法勾勒出了光怪陸離的世界；人設崩塌的男女主播，運用數位技術打造了侵蝕真實的假象；一切資訊、知識和觀點都觸手可及，龐大的資訊像隨機編碼的符號，堆疊出一幢幢資料廢墟，無不昭示著這個我們與他者分裂的時代。

　　法律和美學體系建構速度並沒有跟上科技高速發展的焦慮，讓身處其中的大眾感到恐懼。不論是遵循著中華幾千年傳統文化的仁義禮教，還是西方自由主義下的民主制度，都隨著網際網路的到來不斷被撕毀。於是，在機器時代的關口，人們面對這個巨大的真空期產生了對機器時代未知遠方的迷茫與踟躕。

　　日益發展的科技在顛覆了世界與人類的生活模式及固有價值觀的同時，也將人類帶入一個空前的無人境地，人們真切地發現並感受到過往指引我們的宗教、人文思想與價值觀在某種程度上已無法滿足科技所帶來的變革；或者說，是人類當下對於宗教、人文學科的思考與解讀，已經無法滿足指引人類應對現下無人區和未來無人區之路的需要。

　　與此同時，實用主義在現代商業社會中的日益興盛導致人文精神式微。隨著知識經濟時代的到來，知識依附於物品之上的附加價值，將帶來物品的明顯增值，因而在知識社會中，知識只有在應用中才能生存。並且，二戰以後，自然科學透過資訊革命與新科技革命占據了引領社會發展的主導位置，科技文明則主宰了當代世界。相較於自然科學，人文科學則顯得落寞而蒼白。

在和平與發展成為時代主題的背景下，人文社會科學無法在短時間內直接創造經濟價值，成為促進世界經濟成長和技術進步的重要力量。同時，由於人文學科沉湎於過去而未能對現代社會作出敏銳的反應，以至於它在應對新形勢下世界複雜問題的解決手段上也無法再提供更多的理論指導和幫助。

從具體的高等教育實踐來看，人文社會科學似乎正逐漸走向邊緣化：荷蘭阿姆斯特丹大學 2014 年公布一份名為「Profile 2016」的學校規畫大綱中，計劃削減財政，廢除部分語言專業，同時將包括哲學、歷史、荷蘭文學等在內的其餘人文學院剩餘專業合併為「人文學位」，將學校的建設重心放到更具職業導向的專業上。美國對人文學科的撥款也從 1979 年的 4 億美元（以 2016 年美元計）下降至 2015 年的 1.5 億美元（以 2016 年美元計）。

這是一個危機與新機共存的時代，工業文明的發展亟待人文科學的指導與糾偏。

▍從融合走向更新

當科技與文化融合，發展到新高度時，是將文化的內容、理念、形式等元素與科技的精神、方法和理論等要素有機地結合，進而改變產品的價值、品質，形成新的內容、形式、功能與服務。這體現了一個創新的過程，也將成為一種社會秩序的更新。

美國結構功能主義流派的代表性人物羅伯特金默頓曾將科技置於社會改變的視閾中，探討了文化、科技對社會的影響關係。正如默頓所以為，由於缺乏科技本身的社會文化結構所需要的概念框架，科技的發展才會受到嚴重的阻礙。這是因為，不管周圍的文化如何影響科學知識的發展，不管科學技術最終如何影響社會，這些影響都來自於科技本身變化著的體制和組織結構。

人文科學雖然不能代替政府和公眾來制定公共政策，不能剝奪民眾和民選官員的決策權，但卻可以給公眾提供資訊，讓公眾在正確資訊的基礎上做出明智的決策，這也是未來工業世界得以存續的基礎所在。

1970 年代初，美國總統尼克森發起了關於超音速運輸機的研製。當時，尼克森想要像甘迺迪執行阿波羅計畫一樣，做出一個大政績，於是選中了超音速運輸機計畫，由政府出資與波音等飛機公司合作研製超音速大飛機，作為民航或轟炸機用途。

科顧委員加爾文領導了一個政府諮詢小組對這個問題進行調查，他們告知總統，從經濟效益和環境影響（例如巨大聲震和極高空空氣污染）等方面考慮，超音速運輸機計畫得不償失。在爭論中，加爾文遂決定到國會公開作證，反對超音速運輸機計畫，以致該計畫沒有在國會通過。

正如加爾文和其他科學家在國會上所指出的，技術決策不能只停留在狹義的技術理性層面，而更應該把理性、客觀的思維擴展到技術層面之上，再放到更廣闊的社會、經濟、政治層面來考察；換言之，倫理學、社會學甚至歷史學、哲學研究在社會決策層面上都要能夠跟得上時代。如果科技的領先不能輔之以人文的溫度，必然會給整體人類帶來損傷。

可以說，在科技和文化的社會語境中，科技是一個社會體制，更是一個緩慢形成、緩慢改變的社會體制。顯然，科技帶給整個社會的不僅是經濟利益，更是文化的蛻變和社會秩序的更新，這在工業革命一開始就可見端倪。它說明了以人工智慧、大數據等資訊技術為代表的泛工業革命，也將重新塑造一種整裝待發的新社會秩序，其中必定蘊含新價值、舊價值及其成功組合的社會價值理念。

創新三螺旋理論受基因的三螺旋模型啟示，創造性地提出了創新的新範式。創新三螺旋理論認為，支援創新系統必須形成一個螺旋狀的聯繫模式，這種纏繞在一起的螺旋由三股力量構成：一是由地方或區域政府及下屬機構

組成的行政鏈；二是由垂直和水平聯繫的公司構成的生產鏈；第三股是由研究和學術制度組成的技術科學鏈。除了履行知識創造、財富生產和政策協調的職能之外，三部門之間還透過互動派生出新職能，最終孕育出以知識繁衍為基礎的創新。

顯然，科技、文化與社會秩序也切合著創新三螺旋理論，並以此為根據生長和發展著。其中，社會秩序是文化追求和科技探尋的目標，但社會秩序的解釋意義既不在文化之中，更不可能禁錮於科技之中，社會秩序是獨立的、實體的螺旋線。

在文化、科技和社會秩序的三螺旋模型中，三者交迭作用、互促創新，形成的「互為因果」關係。它們是系統成形的核心吸引力，使創新三螺旋模式得以成立；另一方面，社會秩序建立和傳播「主導」文化及科技進步，推動著創新螺旋上升，成為創新三螺旋模式成立的內在驅動力。

一方面，技術創造具有的經濟屬性，決定著技術必然存在與外部市場的緊密聯繫。與此同時，外部市場的不確定反作用著文化、科技和社會秩序。因此，這就需要文化做路徑引導，透過文化、科技和社會秩序的互相推動來真正促進社會的健康發展。

另一方面，文化、科技和社會秩序形成的主要動力，來自於三方的各自需要。文化活化的創新，需要科學技術的支撐和價值觀引領；社會秩序反映出時代新理念，需要文化內容體現和科學技術支援；而科技里程碑似的跨境發展，則離不開社會文化氛圍的整體培育和新社會秩序的引領。

人類社會的進程，從表面來看，是一個又一個科技發明推動了社會進步；中層來看，是科技創新帶來了文化創新，帶給人類社會新的生存和生活方式；從深層來看，是科技和文化的融合創新，創造出新的人類精神群體，催生出新的社會價值體系。

　　顯然，人類文明的成長絕非外在物質的成長，而是內在精神的建立，是由個體精神自律擴散到社會整體秩序的升級換代。當科技在工業社會中的作用逐漸突顯，經歷著從技術層面到商業經濟動力的轉變時，如何將科技與文化真正融合而成為社會發展和文明進步的重要支撐，將是時代必然會面臨的議題。

　　展望未來，隨著工業社會重構，思維方式重置，世界也將為之一變，意義全新。

博碩文化

博碩文化